# हीर-राँझा

# हीर-राँझा

कैफ़ी आज़मी

वाणी प्रकाशन

**वाणी प्रकाशन**

*4695, 21-ए, दरियागंज, नयी दिल्ली 110 002*

शाखा

*अशोक राजपथ, पटना 800 004*

फ़ोन: +91 11 23273167 फ़ैक्स: +91 11 23275710

www.vaniprakashan.in

vaniprakashan@gmail.com

HEER-RANJHA

*by* Kaifi Aazami

ISBN : 978-93-5000-932-1

Play



संस्करण 2001, 2012

आवृत्ति संस्करण 2015

मूल्य : ₹ 195



*हर्ष प्रिंटर्स, दिल्ली-110 093 में मुद्रित*

*वाणी प्रकाशन का लोगो मक़बूल फ़िदा हुसेन की कूची से*

*बैकग्राउंड। नीला आकाश। उस पर धुआँ छाया हुआ है म्यूज़िक है।*

**आवाज़ :** *दोस्तो तुमने सुना होगा कभी जंग का नाम*
*एक मुद्दत से जहाँ बहता है दरियाए चनाव*
*वहीं बेदर्दों ने इस तरह दो दिल तोड़े*
*याद में जिसकी तड़पता है अभी तक पंजाब*

*दर्द पंजाब के सीने से चुरा लाया हूँ*
*चंद टुकड़े दिले वारिस के उठा लाया हूँ*
*दर्द को कैसे सजाया है ये जी जानता है*
*जश्ने ग़म कैसे मनाया है ये जी जानता है*

*कितना ख़ून अपना जलाया है ये जी जानता है*
*आग मेरी न सही इसका धुआँ मेरा है*
*हीर-राँझा की कहानी है बयाँ मेरा है*

*कैमरा नीचे बने दीयों पर आता है। दीये की लौ सारे स्क्रीन पर फैल जाती है। टाइटल शुरू होते हैं।*
*एक पेड़ के पास खड़ा राँझा बँसुरी बजा रहा है। चारों ओर देखता है। फिर आगे बढ़ कर निकल जाता है। पनघट पर एक लड़की रस्सी थामे खड़ी है। हीर सहेलियों के साथ पनघट पर। कोई पानी खींच रही है कोई घड़ा माँज रही है। लड़की घड़े में पानी उँड़ेल रही है। दूसरी को छेड़ रही है। (पैनिंग) राँझा बँसुरी बजाता हुआ पनघट पै जाता है। लड़कियाँ ठिठक कर देखने लगती हैं।*

**लड़की :** सुन रही है हीरी !

**आवाज़ :** मुई तू ही सुन !

**दूसरी** : हाय मर जाऊँ मैं...कितनी प्यारी है धुन !

**तीसरी** : ये हमीदा तो पागल है !

**दूसरी** : चुप कर दई...

**एक** : देख वो आ गया...

**लड़की** : हाय मैं मर गई...

*राँझा बँसुरी लिए लड़कियों की ओर देख रहा है।*

**राँझा** : ओ मक्खनो !

*हमीदा शर्मा कर मुँह फेरती है।*

**राँझा** : ए हीरओ !

*एक लड़की मुँह मोड़कर खड़ी होती है। राँझा बँसुरी लिए खड़ा है।*

**राँझा** : सोहनयो !

*लड़की सर झुकाती है। राँझा लड़की की ओर देखकर कहता है।*

**राँझा** : ऐ पेडयो !

*लड़की गर्दन ऊँची करके अकड़ती है।*

**राँझा** : भलाई के होनियो...जवानी की ख़ैरात दे...

*लड़कियाँ पनघट पर। राँझा की ओर मुड़कर एक कहती है।*

**एक** : कैसा गुंडा है !

**दूसरी** : एक हाथ दे...देख हमसे न कर मस्तियाँ<br>मर गई क्या तेरी भाभियाँ...<br>एक दो भी नहीं आठ हैं, तभी तो इसके ठाठ हैं।

**तीसरी** : लालची !

**राँझा** : बस तेरे रूप का

**लड़की** : बावला

**राँझा** : हुस्न की धूप का

**लड़की** : देर होती है जाने दे घर

**राँझा** : हाय बल खा न जाए कमर

**लड़की** : दूर...

*लड़की राँझा का कपड़ा पकड़े सामने खड़ी है।*

**लड़की** : बस दूर रह...तेरा नास

**राँझा** : मटका दे दे बुझा लूँ मैं प्यास

**लड़की** : ले बुझा प्यास क्या डूब मर, आज लेती हूँ तेरी ख़बर !

**राँझा :** हा हा हा...

*लड़कियों के बीच में राँझा नज़र आता है। लड़की घड़ा उठाकर चलने लगती है। राँझा रास्ता रोकता है। लड़की मटका छोड़ कर जाती है। लड़की भाभी से शिकायत कर रही है। भाभी चिल्लाकर सबको इकट्ठा कर लेती है।*

**आवाज़ :** वे गईं।
**राँझा :** उससे तू कुछ कम नहीं...
**लड़की :** आज उसने हद कर दी ढिठाई की
**भाभी :** बड़ी, मँझली, छोटी, दई निक्की, सगन, खैरां, इधर आओ सुनो राँझा की बातें...

*औरत हुक्का गुड़गुड़ाती उठती है और बाहर जाती है। औरत हाथ में कच्ची चपाती लिए आती है। दूसरी कंडे थोपती आती है। औरत हमीदा के साथ खड़ी है। दूसरी पास आती है और घेर लेती है।*

**औरत :** कि...कि...कि...कि...
**हमीदा :** कैसे बताऊँ...
**औरत :** क्या किया उसने ?
**हमीदा :** ये तिल तुम देखती हो ?
**औरत :** देखती हूँ...
**हमीदा :** छू लिया उसने !
**औरत :** तेरा तिल छू लिया,
तू चौधराइन बन गई कब से, मुझे कुछ पूछने दे
**औरत :** पूछ क्यों लड़ती है सबसे
**औरत :** मेरी जूती लड़े...
**औरत :** कल ही ख़सम की जूती खाई थी
**औरत :** अकड़ती क्यों है तू ?
**औरत :** मायके से तो नंगे पाँव आई थी
**औरत :** पड़े पीरों की तुम पे मार, झगड़ा अपना रहने दो
**औरत :** मज़े की बात कहने आई थी ये
**औरत :** कहने दो...
**औरत :** किया राँझे ने तेरे साथ जो कुछ, सब सुना दे तू, तेरा तिल ही छुआ या और कुछ, हूँ...हमको बता दे तू...

**हमीदा** : बहुत कुछ...मेरा पल्लू भी...
**सब** : और ?
**हमीदा** : ये नाजुक कलाई भी...
**सब** : कलाई भी ?
**हमीदा** : मरोड़ी भी दबाई भी, सुखाई भी...
**औरत** : चटोरा चाहता है क्या ?
**हमीदा** : बुरी नियत से आता है।
**औरत** : बड़ा बेशर्म है...
**हमीदा** : छोड़ छोड़ तो छोड़...

*भाभी और हमीदा ज़मीन पर पड़ी उलझ रही हैं। औरतें छुड़ाती हैं। हमीदा दरवाज़े से निकल कर भाग जाती है। औरतें एक-एक करके बिखरती हैं। भाभी दरवाजे तक जाकर देखती है।*

**भाभी** : ज़बान इसकी सड़े...
**एक** : क्यों ये तो सारा गाँव कहता है दुआएँ दो ख़सम को सुनके
जो ख़मोश रहता है
**भाभी** : ज़बान मेरी न खुलवाओ, ये सब तुमने उड़ाई है
फफोले दिल के फोड़े हैं, जलन दिल की मिटाई है
हूँ...
**औरत** : आय हाय...मटकना देखती हो
**दूसरी** : क्यों न मटकेगी जवानी है
**तीसरी** : फिटे मुँह...
**सब** : ऊँ हूँ...
**औरत** : कहीं चोटी की ये सारी मेहरबानी है...

*राँझा दरवाज़े से आता है। सभी औरतें राँझा को देखती हैं। वह कान पर हाथ रखे भाभी की ओर देखता है। भाभी पास आती है।*

**आवाज़** : *(हंसी)* !
**औरत** : वो मुश्टंडा
**भाभी** : आ के ख़बर लेंगे तेरे भाई, कुएँ पर क्यों गया था ?
**राँझा** : कुएँ पर प्यारे जाते हैं।
*वह सभी भाभियों के बीच खड़ा होता है।*

**भाभी :** कुँवारी लड़कियों को छेड़ते हैं, गुदगुदाते हैं।

**राँझा :** तो क्या बूढ़ियों को छेड़ूँ...

**तीसरी :** हूँ...पूछना ये अपने भाई से...

**चौथी :** निखट्टू, तुझ को क्या मिल जायेगा इस जग हँसाई से !

**पाँचवी :** न कुछ करना न धरना, मुफ़त की खा-खा के फूला है !

**छटी :** जवानी का नशा है, मस्ता है अंजाम भूला है।

**सातवीं :** खे खे खे...

**राँझा :** खे खे खे...

*सभी भाई आँगन में खड़े हैं। एक कहता है।*

**एक :** पुत्तर, जवानी इक दिन हम पे भी आई थी,
किसी से पूछ ले उस वक्त भी मेहनत की खाई थी।

*एक भाई कंधे पर हल उठाए।*

**भाई :** हम अपने हल उठाते हैं तू बंसी उठाता है
उधर हम खेत में जाते हैं तू मेले में जाता है।

*भाभियों में घिरा हुआ राँझा।*

**राँझा :** मुझे भी कुछ बोलने दोगे...

*एक भाई लकड़ी के सहारे खड़ा है।*

**भाई :** तू क्या बोलेगा दीवाने हमारे घर में
पैदा हो गया तू कैसे, ये क्या जाने...

*राँझा। उसका साथी भागता हुआ कहता है। मुड़कर वापस जाने लगता है।*

**साथी :** राँझे !

*राँझा भाभियों के बीच से भागता जाता है। भाई की आवाज़ सुनकर रुकता है।*

**भाई :** अब कहाँ ?

*भाई व भाभियाँ।*

**भाई :** ...जाता है तू, बैठ घर में...

*राँझा भाभी के पास।*

**भाभी :** हमसे घबराता है तू ?

*राँझा हाथ थामे भाभी को घुमाता है।*

**राँझा :** तुमसे घबरा कर कहाँ जाऊँगा मैं
ऐसी भाभी फिर कहाँ पाऊँगा मैं

**भाभी :** चल मूए...

**राँझा :** वो गाँव...

*भाई राँझा की ओर देखकर बोलता है।*

**भाई** : तुलसीपुर...

*राँझा भाई की ओर मुड़ता है।*

**राँझा** : हाँ...एक मेरा दोस्त रहता है
वहाँ जा रही है झंग आज उसकी बारात
मुझको जाना ही पड़ेगा उसके साथ...

*भाई और भाभियाँ हैरान हो देखते हैं।*

**भाई** : झंग...पागल...झंग तू भी जाएगा...
याद रख जिंदा वापस न आएगा
...झंग से अपना पुराना बैर है,
बाज़ आ जा तू इसी में ख़ैर है...

*राँझा बंसी लिए हाथ फैला कर कहता है। फिर जाता है।*

**राँझा** : मेरे सब दुश्मन यहीं बैरी यहीं
बाकी सब अपने हैं मैं जाऊँ कहीं

*भाई व भाभियाँ देखती रह जाती हैं।*

**भाभी** : तुम न रोको...ये अगर जाता है जाए
कौन जाने हीर को ये ब्याह लाए...

*हीर देख रही है।*

*सुरगी शादी के कपड़ों में। लड़की भागी आती है।*

**लड़की** : बारात आई...

*हीर आवाज़ पर चौंकती है। खुशी से देखती है। फिर सहेली के गले से लिपट जाती है। लड़कियाँ भाग कर आती हैं। बारात आ रही है। शहनाइयाँ बज रही हैं। लोग नाचते गाते आते हैं। औरतें बारात देखने में मस्त हैं। हँस रही हैं। बारात बाजे गाजे के साथ आ रही है। सभी नाच रहे हैं। राँझा दीवानों की तरह नाच रहा है।*

**आदमी** : वो मोटी तेरी नानी है, सुना है दीवानी है

*सड़क पर खड़े आदमी व औरतें जोश में आकर नाचने लगते हैं।*

**आदमी** : उठा के फिर भी ले जाएँगे

*राँझा व साथी नाच रहे हैं। लोगों में से एक जोड़ा आगे आकर नाचता है।*

**सब :** ये बड़ी मस्तानी है।

*दालान में खड़े आदमी व औरतें नाचने लगते हैं।*

**औरतें :** जो मामा तेरा आ जाएगा
वो सब समझा जाएगा

*दालान में औरतें नाचने लगती हैं।*

**औरतें :** जो उसने बात तेरी सुन ली तो कच्चा खा जाएगा।

*दालान में दूसरा आदमी औरतों के झुंड में नाचने लगता है। कैमरा नाचते हुए आदमी पर जाता है।*

**औरतें :** तो कच्चा खा जाएगा।

*बाराती नाच रहे हैं। राँझा भी नाच रहा है। हीर भागती हुई दरवाज़े से आकर बारात देखने लोगों के बीच में आती है। राँझा, आदमी व औरतें नाच रहे हैं। दो लड़कियाँ एक दूसरे का हाथ थामे नाच रही हैं। दूसरी नाचती आती है। निकल जाती है। लड़कियाँ नाच रही हैं।*

**आदमी :** तुझी से नैना जोड़ेंगे, तुझे न हम छोड़ेंगे
बुलाया हमें जब है बगिया में तो
कलिया तोड़ेंगे...अभी तो कलियाँ तोड़ेंगे...

**औरतें :** जो कच्ची कली तोड़ेगा दीवाने का सर फोड़ेगा
तू काना है, बाप तेरा अंधा तो नैना क्या जोड़ेगा

*दो आदमी आकर मशालें उठाकर ले जाते हैं। राँझा व आदमी नाच में मस्त हैं। हीर नाचती हुई राँझे के सामने आ जाती है। चारों ओर मशालें जल रही हैं। राँझा नाचते हुए हीर को देखता है और एकटक देखता रहता है। हीर राँझे की ओर देख रही है। लोग नाचते आते हैं और जाते हैं। वह दोनों भी निकल जाते हैं। हीर लड़कियों के साथ नाच रही है। दो आदमी आते हैं। दीवार के सहारे मशालें लगा कर जाते हैं। राँझा लोगों में देख रहा है। वह नाचने में मस्त है।*

**आदमी :** जला दो चाहे हमको जी मगर यूँ न रूठो जी
निशानी तेरी इक तो मिले बल्लिये हमें दिल दे दो जी
हमें दिल दे दो जी...

*हीर औरतों के साथ नाच रही है।*

**औरतें :** जो लेके मेरा दिल जाएगा न जाने फिर कब आएगा
तुम्हारी चाल ये कहती है कि मुझे तरसाएगा
कि मुझे तरसाएगा...

*आदमी व औरतें नाच रहे हैं। राँझा दीवार के सहारे अकेला खड़ा है।*

**आदमी :** कभी न तड़पायेगा, तुझे न तरसायेगा
सहेली तेरी लेके चले गोरिये तुझे भी ले जायेंगे...

*सूरज उदय हो रहा है। बाएँ औरतों के बीच से बेटी को लेकर चलता है। बेटी हीर के पास जाकर गले मिलती है। हीर खोई-सी है। राँझा लोगों के साथ खड़ा हीर को देख रहा है। हीर व लड़कियाँ। वह एकटक राँझे को देख रही है। बारात। डोली उठाकर चल देते हैं। राँझा पीछे की ओर देखता रहता है। उसके साथी राँझा को खींच कर ले जाते हैं। हीर जाते हुए राँझे को देख रही है। राँझा सुनसान रास्ते पर उदास बैठता है।*

**आवाज़ :** मिल के तन्हाई का एहसास उसने दूना कर दिया
दिल किया आबाद कुछ ऐसे कि सूना कर दिया।

*(पैनिंग)। जंगल में लड़कियाँ और हीर लुका-छुपी खेल रही हैं।*

**आवाज़ :** लुक छुप जाना मकई का दाना
राजे दो बेटी आई जे...

*लड़की पेड़ के पास छुपी खड़ी है।*

**आवाज़ :** आई जे...

*हीर पेड़ के पीछे।*

**आवाज़ :** आई जे...

*एक लड़की की आँख पर पट्टी बंधी है। दूसरी उसे धकेल कर आगे पीछे घुमाती है। वह उसे ढूँढ़ती हुई एक ओर निकल जाती है। एक हाथ लड़की के चेहरे पर जाता है। लड़की हट जाती है। पट्टी बंधी लड़की एक ओर निकल जाती है। पट्टी बंधी लड़की दूसरी लड़की के पास जाती है। लड़की अलग हटती है। वह आगे बढ़ती है। लड़की*

*बैठी है। पट्टी बँधी लड़की आती है। निकल जाती है। पट्टी वाली लड़की एक लड़की को पकड़ने वाली थी कि वह उसके पीछे हो लेती है। वह पकड़ नहीं पाती और आगे बढ़ जाती है। पट्टी वाली लड़की दूसरी लड़की को छूने ही वाली थी कि वो अपना चेहरा हटा लेती है। पट्टी वाली लड़की दूसरी को छूने वाली थी वह हटती है। दूसरी लड़कियाँ आकर फिर जाती है। वह उनके पीछे भागती है। एक लड़की मुस्कराती है। पट्टी वाली लड़की चारों ओर खड़ी लड़कियों को पकड़ने की कोशिश कर रही है। लड़की हँस रही है। चंद लड़कियाँ पट्टी वाली लड़की के सामने से निकल जाती हैं। वह आहट पाकर चारों की ओर घूमती है। पट्टी वाली लड़की चुपके से पट्टी हटाकर देखती है। लड़की वापस आँखों पर पट्टी चढ़ा रही है। हीर एक सहेली के साथ पट्टी वाली लड़की के आगे-आगे चल रही हैं। पट्टी वाली भागकर आती है और हीर को पकड़ती है। हीर आँखों पे पट्टी बाँधे लड़कियों को पकड़ने के लिए जाती है। एक किनारे पर राँझा बैठा है। पैर उसके पास से गुज़रते हैं।*

**आवाज़ :** लुक छुप जाना मकई का दाना

*एक लड़की हँस रही है।*

**आवाज :** राजा की बेटी...

*लड़की पेड़ के पीछे से मुस्करा*

**आवाज़ :** आई जे...

*हीर पट्टी बाँधे लड़कियों को पकड़ने की कोशिश कर रही है। लड़कियाँ उसे छेड़कर भागती हैं। वह उनके पीछे भागती है। हीर पट्टी बाँधे। एक लड़की मुस्कराती है। हीर आहट पाकर चारों ओर घूमती है। लड़की सिर पर हाथ रखकर हँसती है। लड़कियाँ चारों ओर से हीर को छेड़कर भागती हैं। हीर धीरे से उठती है। लड़की हँस रही है। हीर धीरे से लड़की के पास से उठती है। चारों ओर से लड़कियाँ आकर घेरती हैं। छेड़ कर भागती हैं। हीर पीछे भागती है। लड़की गाल पर हाथ रखे हँसती है। हीर लड़कियों के पीछे भागती निकल जाती है। राँझा*

*पेड़ के तने के पास बैठा है। पीछे से हीर आती है। राँझा देखता है। हीर का हाथ उसकी आँखों के सामने आता है। फिर चला जाता है। लड़कियाँ ये देखकर भागती हैं। राँझा। हीर आगे आकर छूती है। फिर पट्टी खोलकर देखती है और देखती रह जाती है। हीर को होश आता है। वह मेड़ पर चल देती है। राँझा पल्लू पकड़ता है। हीर जाती है। दुपट्टा राँझे के हाथ में रह जाता है। हीर हटकर खड़ी होती है। एक लड़की राँझा के पास आकर दुपट्टा लेकर चलने लगती है। राँझा दुपट्टा खींचता है। फिर लड़की दुपट्टा लेकर हीर के पास जाती है।*

**राँझा** : कौन है वो ?

**लड़की** : कौन...वो

**राँझा** : हाँ...वही...

**लड़की** : गाँव के चौधरी जी की धी...

**राँझा** : और नाम ?

**लड़की** : हीर है उसका नाम...

**राँझा** : हाय क्या नाम है !

**लड़की** : कोई काम ?

**राँझा** : सिर्फ़ मिलने का अरमान है...

**लड़की** : हाय तू कितना नादान है !

**राँझा** : एक बार...

**लड़की** : ना भई...

**राँझा** : एक बार...

**लड़की** : पहले मुँह धो के आ...

**राँझा** : मैं निसार...

**लड़की** : चौखटा ख़ास अच्छा नहीं...

**हीर** : कौन है ?

*लड़की हीर के पास आती है।*

**लड़की** : ये तो पूछा नहीं।

**लड़की** : कौन हो उससे मैं क्या कहूँ ?

**राँझा** : कह दो मैं ख़ासा बरबाद हूँ...

**लड़की** : ख़ासा बरबाद है !

*राँझा मुँह घुमाता है। हीर के पास लड़की आती है। फिर*

*वापस राँझा के पास जाती है।*

**हीर** : क्यों मगर ?
**लड़की** : क्या पता पूछ लूँ... ?
**हीर** : सुन इधर...वो कहाँ का है ये पूछ आ...
**लड़की** : तू कहाँ का है ये बता...
**राँझा** : अब यह समझो कि यहीं रह गया...
**लड़की** : अब कहीं का नहीं रह गया...

*राँझा मुँह छुपाकर निकल जाता है हीर खड़ी है। लड़की आती है। फिर वापस राँझा के पास जाती है। फिर हीर के पास आती है।*

**हीर** : नाम भी पूछ ले बावली !
**लड़की** : हाय रब कहाँ फँस गई...
**राँझा** : राँझा मेरा नाम है...
**हीर** : सुन लिया...पूछ क्या काम है ?
**लड़की** : काम क्या...तुम पे कुर्बान है...बातें करने का अरमान है,
**हीर** : कैसे मुमकिन है यह ?
**लड़की** : रात को...
**हीर** : रात को ? छोड़ इस बात को...
**लड़की** : छोड़ दूँ...
**हीर** : सोचने दे मुझे...उसको कहना है क्या पूछ ले...
*लड़की राँझा के पास आती है।*
**लड़की** : तुझको क्या कहना है ?
**राँझा** : क्या कहूँ...
**लड़की** : उसने भेजा है पूछ लूँ...
*राँझा लड़की की ओर पीठ कर कहता है।*
**राँझा** : उससे कहना कि तुम मेरा एक ख़्वाब हो
जो चमकता है दिल में वो महताब हो
उससे कहना कि गेहूँ के खेतों का रंग
तिलमिलाती हुई तितलियों की उमंग
उससे कहना कि झरनों का चंचल शबाब
घाट की ताज़गी आबरू ए चनाब
उससे कहना कि झूलों की अँगड़ाइयाँ

और उड़ते दुपट्टों की शहनाइयाँ
उससे कहना कि चक्की के गीतों की आग
लड़खड़ाती जवानी मचलता शबाब
उससे कहना कि दुल्हनों की काजल की प्यास
पहले बोसे की गरम और ठंडी मिठास
इतनी रंगीनियों को जब यकजा किया
हीर कुदरत ने तब तुझको पैदा किया...

*लड़की दाँतों में दुपट्टा दबाए सुन रही है। वह हीर के पास आती है।*

**लड़की :** कैसे ये सब सुनाऊँगी मैं
कुछ न कुछ भूल जाऊँगी मैं

**हीर :** क्या कहा...समझी !

**लड़की :** सब कुछ मैं समझी नहीं
ऐसा कहता था ऐसी हो वैसी नहीं...

**हीर :** और कुछ ?

**लड़की :** हाँ बहुत कुछ...बताती हूँ मैं...ऐसा कहता था...
ऊँ हूँ...भूल जाती हूँ मैं...ऐसा कहता था...तुम..
*हीर।*

**हीर :** मेरा एक ख़्वाब हो !
*लड़की व हीर।*

**लड़की :** वो नहीं तुम और कोई महताब हो
अच्छी अच्छी कहीं उसने बातें मगर

**हीर :** याद कर...याद कर...ठीक से याद कर
क्या कहा बात क्या-क्या हुई...

**लड़की :** हाँ...बताता था तू कैसे पैदा हुई...
*राँझा।*

**राँझा :** लाएगा मेरे दिल की तड़प कोई कहाँ से सुनना है
*हीर सुन रही है।*

**राँझा :** मेरा हाल सुनो मेरी जुबा से...
*राँझा मुड़कर हीर से कहता है।*

**राँझा :** बारात में हल्की-सी झलक अपनी दिखा के
छोड़ दिया मुझे इस हुस्न का दीवाना बना के
दूरी न हुई दिल को किसी तरह गवारा

छोड़ आया हमेशा के लिए तख़्त हज़ारा

*हीर मुड़कर राँझा को देखती है। फिर चली जाती है।*

**हीर** : तुम तख़्त हज़ारे से...

**राँझा** : सुना है यह फसाना...झंग और हज़ारे में इक बैर पुराना है...

*हीर जा रही है। राँझा आकर खड़ा होता है।*

**हीर** : ख़तरा है यहाँ जान का...

**राँझा** : खेलूँगा जान से...

**हीर** : लिल्लाह...चले जाओ !

**राँझा** : कहाँ जाऊँ यहाँ से...?

*राँझा।*

**राँझा** : मैं राह तुम्हारी यहीं देखूँगा।

**हीर** : (आवाज़) कहाँ तक ?

**राँझा** : जब तक है चनाब, उसमें रवानी है जहाँ तक

*हीर मुड़कर देखती है। फिर धीरे से चल देती है। बादल। हीर व सहेली भागकर अपनी माँ के पास आती हैं और कान में कुछ कहती है। फिर दोनों घर के अंदर चली जाती हैं।*

**आवाज़** : हीर राँझा कभी नज़दीक न रहने पाते

झूठ से दोनों ने काम अपना निकाला देखो

जाने क्या बाप से, क्या माँ से कहा बेटी ने

*राँझा भैंसों को हकाल कर जाता है।*

**आवाज़** : रख लिया किसको बुज़ुर्गों ने ग्वाला देखो

*अल्लाहरखी खर्राटे भर कर सो रही है। चौंक कर उठती है।*

**आवाज़** : अल्लाहरखी, तेरा बेड़ा ग़र्क़

*माँ हाथ में खाना लिए आ रही है।*

**माँ** : अल्लाहरखी !

*अल्लाहरखी आती है। माँ रोटी देती है।*

**माँ** : ले ग्वाले को ये रोटी दे के आ

*अल्लाहरखी लेकर जाती है।*

**अ. रखी** : सदके गई ! तुमने ये कैसा ग्वाला रख लिया है ?

**माँ** : क्या हुआ...

*अल्लाहरखी खाना लिए आ रही है। पीछे से हीर व उसकी सहेली आती है। सहेली चिल्लाती है। अल्लाहरखी खाना देकर लौट जाती है। सहेली व हीर खाने को लेकर चलती हैं।*

**सहेली** : बाजी, कहाँ इस धूप में तू किधर जाएगी

**अ. रखी** : फिर क्या करूँ...

*हीर व सहेली अल्लाहरखी के पास आती हैं।*

**सहेली** : रोटी तो ये दे आएगी...

**अ. रखी** : बीबी, अल्लाह खुश रखे...ये लो काकी तुम कहाँ चल पड़ी... ?

**हीर** : बीबी बेचारी क्या अकेली जाएगी...

**अ. रखी** : समझो !

*हीर व बीबी खाना लिए खेतों में जा रही हैं। हीर व बीबी खाना लिए राँझे के झोंपड़े पर आती हैं। जंगल में हीर व बीबी डरी खड़ी हैं। चारों ओर देखकर हीर झोंपड़ी की ओर जाती है। हीर दरवाज़ा ठोंकती है। फिर नीचे उतरकर बीबी से मिलकर घर के कोने में छिप् जाती है। पीछे से राँझा हँसता हुआ आता है।*

**राँझा** : अंदर आओ, देखो घर की शान !

*हीर व बीबी राँझा के साथ खाना लिए घर में आती हैं।*

**हीर** : अच्छा घर है...

**राँझा** : घर से अच्छा मेहमान !

**बीबी** : मेरी मत मारी गई...

**आवाज़** : ये सोहनी इसकी बहन है। फिर सखी नौकरानी

**हीर** : गाय इसकी...

**राँझा** : हद हो गई...सोहनी है गाय तक इस गाँव की<br>अब मुकद्दर से नहीं कुछ गिला<br>मैं ग्वाला बन गया अच्छा हुआ...

*हीर रोटियाँ खोल रही है। राँझा।*

**राँझा** : रहने दो...

*हीर सर उठाती है।*

**हीर** : क्यों ?

*राँझा।*

**राँझा** : जब तू आ जाती है पास
भूख मर जाती है जाग उठती है प्यास
*हीर लस्सी की ओर हाथ बढ़ाती है।*

**हीर** : प्यास ! तो लस्सी पी लो, लस्सी भी है
*राँझा हँसता है।*

**राँझा** : तुझमें भोलापन भी है शोख़ी भी है
*हीर। राँझा अधलेटा।*

**राँझा** : देख सकती काश अपना हुस्न मेरी आँख से
तूने सब पाया है आशिक की नज़र पाई नहीं
जब से देखा तुझको दुनिया की तरफ़ देखा नहीं
जब से चाहा तुझ को
अपनी याद भी आई नहीं
*हीर खोई सी बैठी है।*

**आ.सा.** : तुझ को पाना
राँझा

**राँझा** : ज़िंदगी है तुझको खोना मौत है
और कुछ इसके सिवा मेरे फ़साने में नहीं
माँग लूँगा मैं खुदा से या चुरा लूँगा तुझे
तुझ सा मोती दूसरा उसके ख़ज़ाने में नहीं
*हीर।*

**आ.सा.** : तेरे दिल पर...
*राँझा व हीर। हीर चली जाती है।*

**राँझा** : हक़ मेरा है या नहीं
दिल धड़कने भी लगा है या नहीं
प्यार धड़कन में छुपा है या नहीं
*हीर भागी हुई आती है। सामने एक आदमी आता है।*

**आदमी** : ओय धरती पे रह हीरे, क्यों उड़ती है चल धीरे
*कुर्सी पर बैठी औरत ख़त पढ़ रही है।*

**आवाज़** : सुर्गों, ये किस बात की इतनी खुशी है

**सुर्गों** : आ बैठ, तेरे जीजाजी का ख़त आया है

**आवाजः** हमको भी सुना...
*हीर ख़त छीन कर भागती है। सहेली पीछे-पीछे भाग कर ख़त माँगती है। हीर छेड़ती है फिर देती है।*

**सुर्गों** : हट मुई...

**हीर** : हमसे भी चोरी...

**सुर्गों** : छोड़ रब्ब का वास्ता

**हीर** : सुनाएगी...

**सुर्गों** : सुनाऊँगी...तो ले...

**हीर** : जल्दी सुना...

*हीर सुर्गों से ख़त सुन रही है।*

**सुर्गों** : शायरी में ख़त लिखा है।

**हीर** : वाह जीजे

**सुर्गों** : सुन लिखता है

**हीर** : क्या लिखता है ?

**सुर्गों** : तू गाय है मैं तेरा बैल...

*सुर्गों खत पढ़ती है।*

**सुर्गों** : रात को जब...

**हीर** : पढ़, ज़रा पढ़...काश उसने ये लिखा होता...

*हीर हाथ पर हाथ रखे खोई सी है।*

**हीर** : तुझको पाना ज़िंदगी है
तुझको खोना मौत है
और कुछ इसके सिवा मेरे फ़साने में नहीं
माँग लूँगा मैं खुदा से या चुरा लूँगा तुझे
तुझ सा मोती दूसरा उसके ख़ज़ाने में नहीं

*लहलहाता खेत। एक आदमी ढोल बजा रहा है। हीर अपनी सहेली के पास आती है।*

**हीर** : बता वो मेले में आएगा ?

**सहेली** : आ तू देख वो ज़रूर आएगा...

*हीर खेत में भागी जा रही है। हीर भागती हुई गली मे आती है। फिर वापस मुड़कर ताल के साथ निकल जाती है। लड़कियाँ गली में जमा होकर नाचती हैं। आदमी नाच रहे हैं। आदमी नाच रहे हैं और शोर मचा रहे हैं। हीर नाचती जाती है। चारों ओर लोग नाच रहे हैं अलग-अलग टोलियों में। कुछ बैठे तमाशा देख रहे हैं। कुछ बाजे बजा रहे हैं। हीर टोली छोड़कर एक ओर भागती है। आदमी नाच रहे हैं। आदमी व औरतें नाच रहे हैं। हीर नाचती*

*हुई लड़कियों में से निकल जाती है। आदमी नाच रहे हैं। दो हाथ दो ढोल बजा रहे हैं। दो लड़कियाँ नाच रही हैं। आदमियों के टोले के आगे एक जवान डंडा लिए नाच रहा है। आदमी नाच रहे हैं। लड़कियाँ नाच रही हैं। नाचते हुए चेहरे। हीर मेला छोड़कर भागती है। खेत में आकर निकल जाती है। हीर राँझा का दरवाज़ा खोलकर पहले तो पाज़ेब बजाती है। फिर अंदर आती है। राँझा दरवाज़ा की ओर पीठ किए बैठा है।*

**हीर** : तुमको मेले में ढूँढ़ती थी नज़र
हम भी थे फिर भी तुम न आए उधर
*राँझा।*

**राँझा** : मैंने पूछा था प्यार है कि नहीं
तेरा दिल बेक़रार है कि नहीं...
*हीर सोचती है। मुड़कर निकल जाती है। हीर बाहर आकर गाने लगती है।*

**हीर** : मिलो न तुम तो हम पराये
मिलो तो आँख चुराए
हमें क्या हो गया है...हमें क्या हो गया है
*राँझा खुश होकर जाता है। राँझा उठकर खिड़की पर जाता है। हीर बाहर खड़ी गा रही है।*

**हीर** : मिलो न तुम तो हम पराये
मिलो तो आँख चुराए
हमें क्या हो गया है, हमें क्या हो गया है
तुम्हीं को दिल का राज़ बताए
तुम्हीं से राज़ छुपाये
हमें क्या हो गया है...हमें क्या हो गया है
हमें क्या हो गया है...हमें क्या हो गया है...
*खेतों के बीच में हीर जा रही है। हीर गा रही है।*

**हीर** : ओ भोले साथिया देखी जो शोखी तेरे प्यार की
ओ भोले साथिया...
*राँझा पेड़ों के बीच से देख रहा है। हीर ऊपर पल्लू उठाकर गाती है। हीर नाचती गाती है।*

**हीर** : ओ भोले साथिया देखी जो शोखी तेरे प्यार की

आँचल में भर ली हमने सारी बहारें संसार की
नई अदा से हम इतराए, पाई खुशी लुटाए
हमें क्या हो गया है, हमें क्या हो गया है...
*खेतों के किनारे हीर इतराती हुई गा रही है।*

**हीर** : मिलो ना तुम तो जी घबराये
मिलो तो आँख चुराए, हमें क्या हो गया है...

*धान की बालियाँ लहरा रही हैं। राँझा खेतों के बीच चला जा रहा है। सफेद फूलों के पौधे। फूलों की डालियों में से हीर निकल कर आती है। गाती है।*

**हीर** : ओ सोहने जोगिया, रंग ले हमें भी इसी रंग में
*फूलों की झाड़ी हटाकर राँझा नज़र आता है। पीछे हीर गा रही है। वह मुड़कर उसे थाम लेता है।*

**हीर** : सोहने जोगिया, रंग ले हमें भी इसी रंग में
गोरे अंग में फिर से सुना दे बंसी
कलियाँ खिला दे गोरे अंग में...
वही जो तानें आग लगाए उन्हीं से आग बुझाए
हमें क्या हो गया है, हमें क्या हो गया है
*हीर गा रही है। राँझा आकर थामता है। दोनों लिपटते हैं।*

**हीर** : मिलो न तुम तो हम घबराएँ,
हमें क्या हो गया है, हमें क्या हो गया है...
*सहेली देख रही है।*

**हीर** : तुम्हीं को दिल का राज़ बताएँ, तुम्हीं से राज़ छुपाएँ
हमें क्या हो गया है, हमें क्या हो गया है...

*हीर गा रही है। राँझा थामे हैं।*
*हीर की सहेली भागी आती है। दोनों को देखकर खड़ी रह जाती है।*

**बीबी** : अम्मा...
*हीर घबराकर देखती है।*

**हीर** : अम्मा...
*राँझा घबराकर देखता है*

**राँझा** : अम्मा...

*हीर की माँ व सहेलियाँ आ रही हैं। रास्ते में कम्मो मिलती है।*

**माँ** : हीर आई थी इधर बेटी ?

**कम्मो** : हीर...चाची वो गाँव में होगी...

**आ.सा.** : गाँव में नहीं है वो...

*माँ व सहेली। माँ चारों ओर देखती है।*

**माँ** : गा रही थी यहीं...यहीं है वो...

**कम्मो** : वो तो मैं गा रही थी चाची जी

*माँ लड़कियों के साथ।*

**माँ** : हाय ! फिर क्या हुआ मेरी बेटी को ?

*माँ राँझा के पास आती है।*

**राँझा** : क्या हुआ ?

**माँ** : हीर खो गई राँझा...

**राँझा** : खो गई ! किस जगह, कहाँ, कैसे ?

*हीर झाड़ी के पीछे छिपी है। राँझा, माँ व सहेलियाँ।*

**राँझा** : उधर, उधर, उधर, वो वहाँ होगी वहीं होगी वहाँ...वो यहाँ भी नहीं कहाँ यहाँ होगी...

*हीर दरिया में फिसलती है। राँझा, माँ व सहेलियाँ हीर को खोज रहे हैं।*

**राँझा** : अरे यहाँ भी नहीं...

*हीर दरिया में डूबती चिल्ला रही है।*

**हीर** : बचाओ...बचाओ...

*सहेली चिल्लाती है।*

**सहेली** : निकल आओ...

*माँ भाग रही है।*

**माँ** : अरे कोई दौड़ो ! अरे कोई आओ...तुम्हें वास्ता रब का !

*राँझा भागता आता है।*

**माँ** : इसे बचाओ...

*दरिया में हीर बहती जा रही है। राँझा पानी में कूदकर हीर को खींचकर किनारे की ओर लाता है।*

**हीर** : बचाओ...

*सहेली खड़ी देख रही है। कम्मो भागती आती है। राँझा व हीर पानी में। राँझा हीर को किनारे की ओर लाता*

*है। माँ देख रही है। माँ, बाप व हीर के सामने राँझा खड़ा है। बाप थैली राँझा को देता है।*

**बाप** : शेर मरदों दा पुत्तर यही काम है
ले सँभाल ये तेरा इनाम है

**हीर** : वाह क्या खूब कीमत लगाई मेरी
सबकी नजरों में कीमत घटाई मेरी

**बाप** : तू भी क्या याद रखेगी क्या बाप था
इसमें जो कुछ है सब मैंने तुमको दिया...

**राँझा** : ये झुमके भी...

**व्यापारी** : ये हैं ज़रा क़ीमती

**राँझा** : इधर देख थैली भरी है अभी

**व्यापारी** : तो लो बादशाहो बड़े शौक़ नाल
करो ऐश दिन रात माशूक नाल
*राँझा दर्ज़ी के पास आता है। आराम से बैठता है।*

**राँझा** : मिया गूँगे सूई वरमां की लो और प्यार के धागे सिये कपड़े
पहन के जिनको जादू जिस्म का जागे बड़े अहमक हो.
..मैं पहनूँगा ये सब ! इधर आओ समझाऊँ...

**राँझा** : मज़ा आ गया किसी से कह न देना...बोला कब आऊँ...

*सामान लेकर दुकान से बाहर जाता है।*
*दरज़ी उठकर कपड़े का नाप लेता है। लड़की हँसती है। दरज़ी कपड़ा देखकर बाहर देखता है। फिर किसी को बुलाता है। रुक जाता है। फिर बुलाता है। लड़की हँस रही है। दरज़ी हँसता है। फिर कपड़ा काटने बैठ जाता है। लड़की की कमीज़।*

**राँझा** : मेरी नज़र में हुस्न का...
जादू जगा दिया
तुझको सजा कर और भी कातिल बना दिया।
*राँझा व हीर गले मिलते हैं।*

**राँझा** : शर्माती है क्यों आज मेरी बाँहों में आकर
ले जाऊँगा इक दिन तुझे डोली में बिठा कर
*हीर व राँझा।*

**हीर** : डोली से जब उतरूँगी हैरान न होना

मर जाऊँ खुशी से परेशान न होना।

**राँझा** : दूरी कभी पल भर को गवारा न करेंगे
गर जी न सके साथ तो हम साथ मरेंगे

**राँझा** : मेरी दुनिया में तुम आईं क्या-क्या अपने साथ लिए
तन की चाँदी, मन का सोना
*राँझा व हीर*

**राँझा** : सपनों वाली रात लिए
*राँझा।*

**राँझा** : मेरी दुनिया में तुम आईं...
*हीर व राँझा।*

**राँझा** : तन्हा तन्हा खोया खोया दिलों दिल की बात लिये
कल से यूँ ही फिरता था मैं अरमां की बारात लिये
मेरी दुनिया में तुम आईं...

*दीया। राँझा दीया थमाता है।*
*राँझा बाहर जाता है। हीर खोई है। धीरे-धीरे उजाला होता है।*

**हीर** : ढलका आँचल फैला काजल आँखों में ये रात लिए
कैसे जाऊँ सखियों में अब तेरी ये सौग़ात लिए
ढलका आँचल फैला काजल...

*जंगल में पेड़ व रास्ता। उजाला। हीर व राँझा एक दूसरे से लिपटे हैं। हीर डर कर चारों ओर देखती है। फिर राँझे से अलग होकर चली जाती है। राँझा खड़ा देखता ही रहता है।*

**हीर** : सीने की ये धड़कन सुन ले न कोई
हाय हाय हाय रोके न कोई

**राँझा** : ना जाओ...ना जाओ

**हीर** : हटो हटो डर लगता है

**राँझा** : सुनो सुनो...

**हीर** : डर लगता है....

**राँझा** : दिल में कितनी कलियाँ महकीं कैसे-कैसे फूल खिले
नाज़ुक-नाज़ुक मीठे-मीठे होंठों की ख़ैरात लिए
*हीर राँझा को देखती है।*

**राँझा** : मेरी दुनिया में तुम आईं।

*पेड़ों के झुरमुट में चाँद निकल रहा है। हीर धीरे-धीरे मुड़कर राँझा को देखती है। फिर मकान की दीवार के सहारे टिकती है। राँझा का हाथ अपने हाथ से छोड़ देती है।*

**हीर** : पायल छनके कँगना छन के बदली जाय चाल मेरी
मंजिल-मंजिल चलना होगा हाथों में अब हाथ लिए
*हीर मुड़कर दरवाजे पर आती है। फिर अंदर चली जाती है।*

**राँझा** : मेरी दुनिया में तुम आईं...
*राँझा गाता है*

**राँझा** : क्या-क्या अपने साथ लिए
तन की चाँदी मन का सोना सपनों वाली रात लिए
मेरी दुनिया में तुम आईं...

*खाट पर कपड़े व गहने रखे हैं। राँझा खाट पर कपड़े देखकर उदास खड़ा है। खाट पर कपड़े व गहने। हीर दूसरी ओर देखती है। राँझा एक ओर हटता है। हीर राँझा की ओर मुड़कर देखती है।*

**हीर** : लो ये चीज़ें रख लो तुम।

**राँझा** : क्यों क्या हुआ ?

**हीर** : किसने दी हैं क्या बताऊँगी भला
सोचकर कोई बहाना आऊँगी...

*राँझा। हीर दरवाज़े से बाहर चली जाती है।*
*एक दुकान पर यारों का अड्डा जमा है। हुक्का चिलम चल रही है। एक आदमी शेरो शायरी कर रहा है।*

**सब** : वाह वाह वाह...

**आदमी** : अर्ज कि...
मक्खियाँ बैठें न क्यों क़ब्र पे सौदाई की
उसकी माशूक़ थी...उसकी माशूक़ थी
बेटी किसी हलवाई की...

**सब** : वाह वाह वाह वाह...
*तीन दुकानदार खड़ा होकर सलाम करता है। तीन लड़कियाँ*

*जा रही हैं। आदमी बैठे हुए देख रहे हैं।*

**एक** : बाँध के पाँव में पाज़ेब ओ दिलदार चला गुल हुआ

**सब** : मार डाला, मार डाला...

*लड़कियाँ हँसती हुई गली में आती हैं। सामने से क़ैदो मामा चला आ रहा है। लड़कियाँ। कैदो नज़दीक आता है। लड़कियाँ डर कर भाग जाती हैं।*

**दुकान** : सुनते हैं लैला के आँगन में जो भँगड़ा हो गया
मजनू नाचा और यूँ नाचा कि लँगड़ा हो गया

**आवाज़** : वाह वाह वाह...
*सभी लोग उठकर चिल्लाते हैं। कैदो जा रहा है।*

**सब** : वाह वाह वाह...

**क़ैदो** : सबको समझूँगा...देखते रहना
*आदमी हँस रहे हैं। एक गाता है।*

**आदमी** : ग़ज़ब की माँग होती है जो दिल को माँग लेती है।
इक ऐसी टाँग होती है...
*कैदो आता है। चंद आदमी बैठे हैं।*

**एक** : जो दिल को टाँग लेती है

**सब** : हा हा हा...

**कैदो** : कुचल दूँगा, मसल दूँगा, जला दूँगा
रुलाया मुझको किस्मत ने मैं दुनिया को रुला दूँगा...
*काज़ी के घर कैदो मिलता है।*

**काज़ी** : आ गए कैदो !

**कैदो** : आ गया काज़ी...

**काज़ी** : क्या ख़बर लाए हो ?
*यार लोग बैठे हैं। एक उठता है।*

**आदमी** : शादी की तमन्ना थी कुँवारे चले आए
जैसे गए वैसे ही बेचारे चले आए...

*खेतों में कैदो जा रहा है। हीर की माँ व एक औरत बातें कर रही हैं। पीछे से हीर नीचे उतर रही है।*

**आवाज** : राह के काँटों से भी
इश्क़ घबराता
नहीं क्या कयामत है...

हीर बाग में भागी जा रही है।

**आवाज** : कहीं दिल को करार आता नहीं।

*हीर बाग़ में से गुज़र रही है। जाकर राँझे के गले मिलती है।*

*कैदो एक टाँग पे लकड़ी के सहारे खड़ा चिल्लाता है। अल्लारखी आती है। हीर भागकर जाती है। कैदो चला जाता है।*

**कैदो** : भाई...भाई अल्लारखी !

**अल्ला.** : आई छोटे चौधरी...

**कैदो** : सारा घर ख़ाली पड़ा है क्या हुआ सब हैं कहाँ ?

**अल्ला.** : चौधरी जाने कहाँ है, बीबी सुरगे के यहाँ है

**कैदो** : ठीक है...ठीक है...

**हीर** : चाचा सलाम...

**कैदो** : हूँ...

**हीर** : इन्हें क्या हुआ ?

*अल्लारखी हीर के सामने*

**अल्ला.** : उनको छोड़
अब कोई गुल खिलेगा ज़रूर

**हीर** : क्या करूँ कुछ बताओ मुझे
कोई रास्ता सुझाओ मुझे

*चौधरी आता है। हीर सोचती है। अल्लारखी घबराई है। हीर चली जाती है। चौधरी बैठा है। हीर भाग कर आती है। कपड़े लेकर रखती है।*

**चौधरी** : अल्लारखी, वज़ू का पानी लाना
चौधरी जी कहाँ हैं उनको बुला
बोलती क्यों नहीं ?

**हीर** : हाँ

**चौधरी** : अरे तू है...

**हीर** : वाह ! वाह कैसा खा गए धोखा।

**चौधरी** : अल्लारखी कहाँ है ?

**हीर** : मैं जो हूँ...

**चौधरी** : काम करने की तुझको आदत है।

**हीर** : क्यों नहीं, मुझको क्या नहीं आता !

**चौधरी** : सच बता बेटी कोई ज़रूरत है ?

**हीर** : अब्बाजी...

**चौधरी** : बोल...

*हीर मुँह फुलाए। चौधरी खुश होकर...हीर खुश होती है।*

**हीर** : तुमसे कुछ माँगू ?

**चौधरी** : माँग ले मैं तो कब से कहता हूँ

**हीर** : मेरी सुबहों की रोशनी दे दो

**चौधरी** : तेरी सुबहों की रोशनी सदक़े

**हीर** : मेरी शामों की चाँदनी दे दो

**चौधरी** : तेरी शामों की चाँदनी सदक़े

**हीर** : मुझको तुम मेरी ज़िंदगी दे दो

**चौधरी** : लाडली, तुझ पे ज़िंदगी सदक़े

**आ.सा.** : क्यों पहेली बुझाए जाती है
बाप को आज़माए जाती है

**चौधरी** : माँग जिसमें तेरा भला होगा
जिससे आएगा तेरे दिल को क़रार
जिससे आएगी ज़िंदगी में बहार
बस वही मेरा फ़ैसला होगा...बोल !

*हीर। फिर भाग जाती है।*

**हीर** : जी।

**आ.सा.** : बोल !

**आ.सा.** : (लड़की) ओ हीर !

**हीर** : आती हूँ...

*हीर अल्लारखी के सामने से भागती है।*

**अल्ला.** : ये कहाँ ?

*सहेली खड़ी होकर।*

**सहेली** : और कहाँ जाएगी...इसके आँचल में खिले जो फूल जा के राँझे पे लुटा आएगी...

*हीर फूलों के खेत में भाग रही है। हीर जंगल में भाग रही है। हीर भागी जाती है और राँझे की झोंपड़ी पर जाती है। हीर भागी राँझे की झोंपड़ी में आती है। कैदो व हीर की माँ।*

**माँ :** पाँव तेरे टूटे !

*हीर मुड़कर भागती है। क़ैदो व माँ खड़े होते हैं।*

**माँ :** हाथ में कीड़े पड़ें !

**हीर :** हाय !

*हीर दरवाज़े से निकलकर भाग जाती है। माँ खड़ी है। कैदो देखता है।*

**माँ :** तेरी लाश पे कुत्ते लड़ें।

*अल्लारखी चौधरी के सामने से गुज़रती है।*

**चौधरी :** क्या सज़ा दूँ ?

**कैदो :** इसको ज़िंदा गाड़ दो।

**माँ :** तोड़ दो पाँव आँखें फोड़ दो, सर फोड़ दो...

*चौधरी हीर को पकड़कर।*

**चौधरी :** बोल, फिर तू उससे मिलने जाएगी ?

*हीर की माँ। हीर व चौधरी। वो चला जाता है।*

**हीर :** तुम क़तल कर दो मुझको अपने हाथों से
जीते जी एक पल भी उससे दूर रह सकती नहीं

**चौधरी :** डूब मर...

*चौधरी की बीवी सर पर हाथ मारती है। कैदो भी है। लड़की आती है।*

**माँ :** रब्बा उठा ले मुझको इस संसार से।

**आवाज़ :** हीर !

**माँ :** जाओ आई होगी लेके तेरे यार से
ये मुई सब जानती थी...अब यहाँ क्यों आई है ?

**कैदो :** कहलवाया है कुछ पैगाम, कोई लाई है

**माँ :** मैं समझती थी तू चाहेगी सदा इसका भला

**बीबी :** चाची मैंने क्या किया है

**माँ :** खसम खानी भाग यहाँ से...

*कैदो पास आता है।*

**माँ :** तुमने सर पर इसे चढ़ाया था
तुमने इतना किया है इसको ख़राब
तुम्हीं हर बात इसकी सुनते थे

**कैदो :** तुम्हीं देना बिरादरी को जवाब

**चौधरी :** बस करो बस !
मुझसे ये सब कुछ सुना जाता नहीं

काश बहरा होता ये बातें न मैं सुनता कभी
काश अंधा होता आँखों से न अपनी देखता
वो अँधेरा बन गई है, थी जो घर की रोशनी

**कैदो :** चौधरी, तुम आज तक बहरे भी थे अंधे भी थे
मैं न आ जाता तो करता कौन तुमको होशियार
किसमें हिम्मत थी जो कहता और अगर कहता कोई
लाडली ये कर रही है तुमको आता एतबार ?

*चौधरी व सामने कैदो।*

**चौधरी :** मैं सब अपना कसूर मानता हूँ
कहर के तीर मुझ पे बरसाओ
कैसे धब्बा छुड़ाऊँ दामन से
ये भी समझाओ ये भी बतलाओ

**कैदो :** एक लानत जनाब बेटी है
चौधरी जैसे तैसे टालो इसे
लूला लँगड़ा जहाँ कोई मिल जाए
हाथ पीले करो निकालो इसे...

*हीर आँसू भरी आँखें उठाकर।*

**हीर :** देखो।

*कैदो चौधरी के सामने खड़ा है।*

**कैदो :** ख़ामोश !

*हीर रो रही है। भागती है। चौधरी कैदो के पास जाता है।*

**हीर :** ऐसा मत करना...

*माँ मशाल लेकर हीर को जलाने आती है*

**माँ :** रंडिए तेरी मौत आई है

**हीर :** एक राँझे को छोड़के झंग में जो भी है मेरा भाई है...

**कैदो :** नीच...आवारा...

**माँ :** यूँ न मानेगी...मैं इसे रास्ते पे लाती हूँ

**हीर :** सिर्फ़ राँझे से होगा ब्याह मेरा...

**माँ :** चल तुझे मैं दुल्हन बनाती हूँ...

*चौधरी रो रहा है। माँ मारते-मारते हीर को एक कमरे में ले जाती है। माँ गुस्से में है। दरवाज़ा बंद करती है और चली जाती है।*

**माँ :** बस यही तेरी सज़ा है तेरा मज़ार...
*चौधरी दुखी है।*

**चौधरी :** मैं खिज़ा को समझ रहा था बहार
*कैदो चौधरी को समझाता है।*

**कैदो :** खेड़े जो रंगपुर में रहते हैं
पैदा है उनका लाडला बेटा
जब कहीं वो बारात ले आए...
*चौधरायन दालान में।*

**चौधरायन :** है उनसे मंजूर मुझे रिश्ता
*चौधरी पीठ किए।*

**चौधरी :** सोच लो...
*कैदो तुनक कर बाप से बोलता है।*

**कैदो :** सोचने का वक्त कहाँ ये कोई और गुल खिलाएगी
बात जंगल की आग होती है लाख रोकोगे फैल जाएगी...
कौन फिर उसे मुँह पे थूकेगा ?

**माँ :** फिर कहाँ से बारात आएगी
यूँ ही बैठी रहेगी छाती पर
ज़िंदगी यूँ ही बीत जाएगी
*चौधरी, कैदो आमने-सामने। माँ खड़ी है।*

**चौधरी :** किस तमन्ना से इसको पाला था
दिल में अरमान कैसे कैसे थे
कैसी तैयारियाँ थीं शादी की
घर में सामान कैसे कैसे थे
सब का खूं कर दिया दीवानी ने
ख़ैर ये उमर भर का रोना है
जो मुनासिब समझते हो वो करो
शादी क्या अब तो दाग़ धोना है
*दो सहेलियाँ आती हैं।*

**सहेली :** डरने की क्या बात है ?
*माँ दरवाज़े के सामने।*

**माँ :** फिर आ गई ?
*सहेलियाँ आँगन में*

**बीबी :** सुर्गो भी साथ है।

**सुर्गो :** मैं सुसराल से जानती हूँ उसे समझती हो जो तुम

वो राँझा नहीं मुहब्बत में बदला है उसने ये भेस
*कैदो चौंकता है। सुर्गों और बीबी।*

**सुर्गों** : ज़मींदार है वो ग्वाला नहीं
हवेली, ज़मीन, खेत, आमों के बाग़
हज़ारों में कोई भी ऐसा नहीं...

**कैदो** : लो ये सुनो। वो हज़ारे का है
बस अब इंतज़ार इक इशारे का है
मसल दूँगा दुश्मन का सर पाँव से

*दो आदमी राँझा को बाँध कर मार रहे हैं। तीन आदमी राँझा को बगल में पेड़ से बाँध रहे हैं। कैदो आता है।*

**राँझा** : हूँ...लँगड़े

**कैदो** : भागो, तुम लोग जाओ
*कैदो राँझा के पास आता है।*

**कैदो** : क्यों बे खोते

**राँझा** : नज़दीक आओ...

**कैदो** : तेरे नज़दीक मैं क्या गाँव के सब लोग आएँगे
तुझे मारेंगे, सर कुचलेंगे, तेरा खूँ बहाएँगे
हक़ीक़त खुल गई तेरी कि तू कैसा ग्वाला है
अभी देखी नहीं हैं तूने तलवारें सायसों की

**राँझा** : खुशी है हीर की ख़ातिर मैं अपना सर झुका दूँगा

**कैदो** : जुबाँ मैं खींच लूँगा फिर लिया तूने जो नाम उसका

**राँझा** : जुबाँ तुम खेंच लो मैं उसको ज़ख़्मों से सदा दूँगा
बुलाओ गाँव वालों को, निकालो अपनी तलवारें
बुझा लें प्यास पी जाएँ उबलते खून की धारें
मोहब्बत का तमाशा इश्क की तासीर देखोगे
मेरे सीने में दिल में हीर की तस्वीर देखोगे
*कैदो चलकर।*

**कैदो** : ज़रा ये राज़ खुलने दे नशा तेरा उतारूँगा
जवानी भूल जाए इश्क तुझ को ऐसे मारूँगा
अँधेरे में अगर मारा कहलाऊँगा मैं बुज़दिल
तड़पते तड़पते रात भर पहली किरन होगी तेरी कातिल
तुझे रोने की फुरसत भी न तेरी हीर पाएगी
तेरी छाती पे रख के पाँव बारात उसकी आएगी

**राँझा :** कमीने !

*हीर गा रही है कैमरा दूर जाता है। वह बिस्तर पर बैठी है।*

**हीर :** दो दिल टूटे दो दिल हारे
दुनिया वालो सदके तुम्हारे
दो दिल टूटे दो दिल हारे
दुनिया वालो सदके तुम्हारे
दो दिल टूटे दो दिल हारे
दुनिया वालो सदके तुम्हारे

*हीर गा रही है।*

**हीर :** दो दिल टूटे दो दिल हारे

*चौधरी परेशान कमरे में टहल रहा है। हीर रोते हुए गा रही है।*

**हीर :** देखगी मुखड़ा अपना अब ये जवानी दिल के दाग़ में

*हीर गा रही है। कैमरा आगे जाता है।*

**हीर :** बरसेगा कैसे सावन कैसे पड़ेंगे झूले बाग़ में
बैन करेंगे ख्वाब कुँवारे...
दो दिल टूटे दो दिल हारे

*सुनसान मकानों से कैमरा छतों व झरोखों पर जाता है। वहाँ कहीं-कहीं लड़कियाँ उदास खड़ी हैं। हीर झरोखे के अंदर खड़ी है।*

**हीर :** मैं ना रहूँगी लेकिन गूँजेंगी आहें मेरी गोद में
अब ना खिलेगी सरसों अब ना लगेगी मेहँदी पाँव में

*हीर गा रही है।*

**हीर :** अब न उगेंगे चांद सितारे
दो दिल टूटे दो दिल हारे

*चौधरी दरवाज़ा खोलकर अंदर आता है। चौधरी हीर के सामने आकर खड़ा होता है। हीर मुड़कर देखती है। हीर बाप की ओर देखकर।*

**हीर :** प्यार तुम्हारा देखा

*चौधरी नज़र फेरता है। हीर चौधरी को देखकर गाती है।*

**हीर :** प्यारा तुम्हारा देखा
देखा तुम्हारा आँखें मोड़ना

तोड़ तो डाला दिल को खेल नहीं है
दिल का...
*चौधरी हीर के पास आता है। उसे छाती से लगाता है।*

**हीर** : तोड़ना...
तड़फोगे तुम भी साथ हमारे
दो दिल टूटे दो दिल हारे...
दुनिया वालों सदके तुम्हारे
दो दिल टूटे दो दिल हारे

*चौधरी कमरे से बाहर जाता है। मुड़कर देखता है। दरवाजे के पास रुकता है। चौधरी खूँटी से साफ़ा उतार कर जाता है। चौधरी पगड़ी बाँध कर घर से बाहर निकल जाता है।*

**आ.सा.** : दो दिल टूटे दो दिल हारे...
*हीर परदे की ओट से देखती है।*

**हीर** : दुनिया वालो सदक़े तुम्हारे...
*लोगों के पाँव पेड़ के चारों ओर भाग रहे हैं।*

**आ.सा.** : बाँधा था यहीं उसको

**दूसरा** : इस रस्सी से बाँधा था, किसने उसे खोला ?
*कैदो आदमियों के साथ राँझा को ढूँढ़ रहा है।*

**कैदो** : शायद कोई आया हो।

**आदमी** : भाग गया हो...

**कैदो** : वो भाग नहीं सकता, बहका के उसे शैतान इस गाँव में लाया है...
*कैदो व साथी राँझा के झोंपड़े की ओर जाते हैं।*

**कैदो** : तुम यहाँ क्यों आए हो ?
*कैदो व साथी।*

**कैदो** : चौधरी, राँझा कहाँ है ?
*चौधरी दरवाज़े में।*

**चौधरी** : वो गया....
*कैदो व साथी।*

**कैदो** : हद हो गई...क्या कर रहे थे तुम यहाँ
तुमने ज़िंदा क्यों उसे जाने दिया ?
*चौधरी।*

**चौधरी** : चौदहवीं तारीख़ को इस चाँद की
उसका भाई बात करने आएगा
हीर और राँझे का रिश्ता ठीक है
आगे जो लिखा देखा जाएगा...
*राँझा भाभियों के बीच। भाभी एक जगह से दूसरी जगह भाग रही हैं।*

**भाभी** : मैं सदके...मैं वारी

**दूसरी** : अजी सुनते हो !

**भाई** : अपना पुत्तर है पक्का शिकारी

**भाभी** : चला कैसे जादू किया कैसे काबू

**दूसरी** : फँसी कैसे चौचक की प्यारी

**पहली** : तू चुप कर...

**चौथी** : बड़ी सोहनी होगी वो करमवाली ! बड़ी सोहनी है

**भाभी** : अजी सुनते हो सोहनी है...

**भाई** : तो क्या ग़ज़ब है तू भी परी की जनी है

**भाभी** : हटो !

**भाभी** : आँखें कैसी हैं देवर... ?

**राँझा** : नशीली-नशीली शराबी-शराबी...

**भाभी** : मैं कुर्बान !

**भाभी** : रंग कैसा है उसका ?

**राँझा** : गुलाबी गुलाबी।

**भाभी** : डोला तू कब लाएगा ?

**भाभी** : कब बजेंगे यहाँ शादयाने
वो दहेज अच्छा लाएगी
चुप कर मुई आगे-पीछे लुटेंगे ख़ज़ाने
अजी सुनते हो...आगे पीछे लुटेंगे ख़ज़ाने...

**भाई** : मुझे सब पता है...

**भाभी** : तो फिर दुश्मनी को डालो जहन्नुम में

**भाई** : इसी में हमारा भला है...

**भाभी** : वो आ के हमें गालियाँ भी जो देगी
तुम्हारी कसम हम सहेंगे खुशी से
वो इस घर की रानी बने बांदियाँ बनके हम सब रहेंगे...

**भाई** : जो तुम सबकी मरज़ी यही है
पुरानी अदावत मिटा पाऊँगा मैं

राँझा : इसी चाँद की चौदहवीं को बुलाया है

भाई : बच्चू पहुँच जाऊँगा मैं...

*कैदो पेड़ की ओट से देख रहा है। कैदो बैठा देख रहा है। सामने से एक नाव आती है जिसमें चंद आदमी हैं। कैदो देख रहा है। कैदो देखता है। नाव किनारे लगती है। कैदो सिर घुमाता है। नाव के आदमी किनारे पर उतरते हैं। एक आदमी टोकरा सर पर उठाता है। कैदो मुस्कराता है। दूसरा आदमी पोटली कंधे से उतारता है। कैदो कुत्ते की बोली बोलता है। नाव पर आने वाले लोगों पर कई आदमी लाठियाँ बरसा रहे हैं। फिर भाग जाते हैं। कैदो आता है।*

आदमी : लुटेरे...चोर...।

*कैदो हँसता आता है।*

कैदो : किस्मत है कि ज़िंदा बच गए प्यारे
न जाने डाकुओं ने...

*राँझा का भाई उठता है। कैदो सामने खड़ा है।*

कैदो : इस जगह कितने जवाँ मारे...

*कैदो सामने खड़ा।*

कैदो : कहाँ जा रहे हो तुम ?

*भाई ज़मीन से उठता है। कैदो खड़ा है।*

भाई : हम आते हैं हज़ारे से...

*कैदो अड़ा है।*

कैदो : पलट जाओ...पलट जाओ
इसी पल इस किनारे से...

*भाई फैंटा बाँधता है।*

भाई : संदेश भेज के राँझा से चोचक ने बुलाया था
मैं उनकी हीर की मँगनी का जोड़ा लेके आया था

*कैदो ज़ोर से हँसता है।*

कैदो : कहाँ की मँगनी कैसा ब्याह
वो तो एक बहाना था

*भाई हैरानगी से देखता है।*

कैदो : कुँवारी हीर के रस्ते से

आ.सा. : राँझा को हटाना था

**कैदो :** उधर राँझा गया पैग़ाम सैदा का इधर आया
बहुत पछताएगा अब वो हज़ारे से अगर आया
*झरोखे से चाँद उठता है।*

**आवाज़ :** चाँद उभरता हुआ...
*हीर गुमसुम बैठी है। बाप पीठ किए खड़ा है।*

**बाप :** बुझते हुए चेहरे देखो
चाँदनी छिटकी है छा जाए अँधेरा जैसे
*सामने हीर व चिक के पीछे बाप।*

**चौधरी :** इस तरह टूट के बिखरे हैं ज़मीं पर सपने

**आवाज़ :** लुट गया हो किसी की बारात का डोर जैसे
*हीर की माँ खाट पर अकेली बैठी है। कैदो की आवाज़ आती है।*

**आवाज़ :** अकेली बैठी हो ?
*कैदो हँसता हुआ पास आता है। अल्लाहरखी व लोग सुनते हैं।*

**कैदो :** भाई को बुलाओ तो...
पूनम का चाँद कहाँ छुप गया बताओ तो
कहाँ है मँगनी का जोड़ा किधर गए मेहमान
मुराद हो गई पूरी निकल गए अरमान !
*माँ खड़ी होती है।*

**माँ :** दुखे कलेजे पे नश्तर लगाने आया है
हमारी राख हमीं पे उड़ाने आया है
हमें लगी है जो ठोकर तू मुस्कराता है
यह वक़्त वो है कि दुश्मन भी रहम खाता है

**कैदो :** न तुमको फ़िकर न माई को ग़म घराने का
ख़्याल आया कभी मेरा घर बसाने का
दिया कहीं मेरा पैग़ाम, तुमने छेड़ी बात
ज़रा भी की कहीं कोशिश, सजे मेरी बारात
सदा कहीं से जो शहनाइयों की आती है
मेरे कलेजे पे नागिन सी लोट जाती है
सब अपनी सोचते हैं सबको ध्यान है अपना
यही हैं रंग तो पूरा न होगा इक सपना...
*सहेली दुखी है।*

**आवाज़ :** वहाँ से मंगनी न आई है न आएगी

**कैदो** : जवानी हीर की इस घर में बीत जाएगी...
*सहेलियाँ बैठी बातें कर रही हैं एक पेड़ के नीचे।*

**लड़की** : न कोई बेटी न कोई बेटा
न कोई पीछे न कोई आगे
बस इक़ भतीजी है उसी का दुश्मन है

**दूसरी** : किसी के होते नहीं अभागे

**तीसरी** : ये बात बिगाड़ता है।

**चौथी** : हम उसका हुलिया बिगाड़ देंगे...

**पाँचवीं** : ज़रूर उसको सज़ा मिलेगी...
*कैदो चला आ रहा है। लड़कियाँ कैदो को देखकर बातें करती हैं।*

**लड़की** : हम इससे बदला ज़रूर लेंगे...
*कैदो आ रहा है। एक लड़की उसके आगे-आगे मटकती जाती है।*

**लड़की** : सदक़े जावां...
*कैदो चिटागो को देखता है। लड़की मटक रही है।*

**कैदो** : क्यों मटकती है बहुत ?

**चिटागो** : आज तन्हाई खटकती है बहुत !

**कैदो** : भाग...क्यों करती है लँगड़े से मख़ौल
टाँग तो देखी कभी दिल भी टटोल

**चिटागो** : दिल ही मुझको ले आया है इधर
कब से मरती हूँ मैं तेरी चाल पर
दिल पर अब नहीं अपने काबू मुझे
बस यक़ीं इतना दिल दे तू मुझे
ज़िंदगी भर देगा मेरा साथ तू...

**कैदो** : ज़िंदगी भर ?

**चिटागो** : तो पकड़ ले हाथ तू...
हाय मर जाऊँगी, तू निरा जाट है
तू भी कुछ कम नहीं सुलफ़े की लाट है
*चिटागो कैदो के सामने।*

**चिटागो** : देख जल जाएगा दम निकल जाएगा
मैं हूँ शोला न भड़का मुझे...
*कैदो गुदगुदी महसूस करता है।*

**कैदो** : जिस्म ले जान ले मेरा ईमान ले

चल मेरे नाल चल बाग़ में...
*कैदो गुदगुदी महसूस करता है।*

**कैदो** : सुर बदल जाएगा, रूप ढल जाएगा
गोरी इतना न तरसा मुझे

**चिटागो** : जिस्म ले जान ले मेरा ईमान ले
चल मेरे नाल चल बाग़ में...
*कैदो मुस्कराता है।*

**कैदो** : ज़िंदगी दान ले बात इक मान ले
चल मेरे नाल चल बाग़ में
*लड़की व कैदो खेत के किनारे चलते हैं।*

**चिटागो** : चल मेरे नाल चल बाग़ में

**कैदो** : चल मेरे नाल चल बाग़ में...

*कैदो और लड़की बाग़ में आते हैं। लड़की उससे लिपटकर उसे उल्लू बनाती है। झाड़ियों में से एक चप्पलवाला हाथ निकलता है। एक लड़की हाथ में बेलन लिए आगे बढ़ती है। लड़की नाचती हुई कैदो को घुमा रही है। वह खुश है। एक लड़की आगे बढ़ती है। लड़की दुपट्टा कमर में बाँधती है। बाँहें चढ़ा कर आगे बढ़ती है। लड़की कैदो को नचा रही है। एक लड़की हाथ में झाड़ लिए आगे बढ़ती है। एक लड़की भाग कर आती है। कैदो को पकड़कर नचाती है। पीछे से दूसरी लड़की टक्कर मार कर छुपती है। कैदो पीछे देखता है। एक लड़की नाच रही है। कैदो हैरान है। लड़की कमर पे हाथ रखे आती है। कैदो हैरान-सा देखता है। लड़की नाचती आ रही है। कैदो हैरान देख रहा है। झाड़ियों के पास से लड़की नाचती आती है। कैदो हैरान देख रहा है। लड़की नाच रही है। दूसरी लड़की नाचती चिल्लाती है। तीसरी लड़की नाच रही है। लड़कियाँ कैदो नाच रहे हैं।*

**आवाज़** : हे हडिपा...हडिपा...
*लड़कियाँ व कैदो नाच रहे हैं।*

**आवाज़** : हडिपा...हडिपा...
*कैदो को लड़कियाँ गिराती हैं। लड़कियाँ चिल्लाती हैं।*

**आवाज़** : आ हा हा हा

*क़ैदो।*

**आवाज़ :** हडिपा...

*कैदो उठता है। लड़कियाँ फिर गिराती हैं। बेलन, चप्पल, झाड़ू का ढेर। लड़कियाँ कैदो को धक्का दे कर गिराती हैं। फिर उठता है। एक हाथ झाड़ू उठाता है। लड़कियाँ कैदो को झाड़ू, चप्पल और बेलन आदी से मार रही हैं। अल्लारखी देखकर मज़े ले रही है। फिर चौंक कर उठती है। जोश में आकर मरने का एक्शन करती है। चौधरी हुक्का गुड़गुड़ा रहा है। आवाज़ पर एक ओर देखता है। कैदो चिल्लाता आता है।*

**कैदो :** देख लो...

*कैदो, चौधरी व दो आदमियों के सामने खड़ा है।*

**कैदो :** देख लो कितना पीटा मुझे
गिर पड़ा तो सबने घसीटा मुझे
चाहती थीं कि आँखें मेरी फोड़ दें
हाथ भी दूसरी टाँग भी तोड़ दें
दुखता है अब तक मेरा जोड़ जोड़
कुछ तो कहती थीं लँगड़े को जिंदा न छोड़...

**चौधरी :** पिट के कुड़ियों से आया है तू
शर्म कर लेके पंचों को, जा डूब मर...

*आदमियों के साथ कैदो। चौधरी।*

**चौधरी :** मैं समझता हूँ तू कितना बदज़ात है
तूने छेड़ा था सच बोल क्या बात है...

*कैदो चीखता हुआ आता है। पीछे लड़कियों को देखता है।*

**कैदो :** रब की सौगन्ध मेरी ख़ता
हाय-हाय उन चुड़ैलों को मैंने कहा

**आवाज़ :** हाय हाय...

*चौधरी हुक्का पी रहा है।*

**कैदो :** हीर ने सब को रो रो के भड़का दिया
मुझको रुसवा दिया मुझको पिटवा दिया
मेरी बेटी वो कम्बख़्त होती अगर
घोंट देता गला मैं इसी बात पर

*लोग खड़े हैं।*

**आवाज़ :** जा गला घोंट दे उसका...

**चौधरी :** चाचा है तू
खून के उस बिचारी के प्यासा है तू
*लड़कियाँ खड़ी हैं। कैदो चिल्लाता हुआ पंचों के पास आता है।*

**कैदो :** सुनते हो कुछ कहते क्यों नहीं
क्या हुआ, तुम ज़बान खोलते क्यों नहीं
बेटियाँ तुम भी रखते हो पछताओगे
नाक कट जाएगी सब ही मिट जाओगे
*चौधरी चौंकता है।*

**आवाज़ :** चौधरी !
पंच लोग चौधरी के सामने खड़े हैं।

**पंच :** चौधरी, पंच नादान इतने नहीं
यह न समझो हम इसको समझते नहीं

**पंच :** हीर ने सारी कुड़ियों को बहका दिया

**दूसरा :** एक मछली ने तालाब गंदा किया

**तीसरा :** हम है मरदों से ज़ोर आज़माने लगीं
लाठियाँ तक चुड़ैलें उठाने लगीं।

**चौथी :** लानत इस लाड़, इस प्यार, इस चाह पर

**पाँचवाँ :** तुमने बेटी को डाला है किस राह पर...

**चौधरी :** मानता हूँ वो ज़िद्दी है नादान है
गाँव में अब तो कुछ दिन की मेहमान है...

**कैदो :** देर क्या सैदा शादी पे तैयार है
वो तो हमसे भी ऊँचा जमींदार है
ऐसा दामाद मिलता है तकदीर से...
*चौधरी सोचता है। एक पंच।*

**पंच :** चुप हो क्यों चौधरी
*चौधरी हुक्का गुड़गुड़ाता है।*

**चौधरी :** पूछ लूँ हीर से...

**कैदो :** हीर से...चौधरी !
*पंच घूरकर देखते हैं।*

**पंच :** तुमको क्या हो गया ?

**दूसरा :** हमको बरबाद कर देगा ये फैसला

**तीसरा** : हीर की ज़िद अगर आज पूरी हो गई

**चौथा** : कौन मानेगा फिर बात माँ-बाप की

**पाँचवाँ** : लड़कियाँ सब की सब शेर हो जाएँगी

**पहला** : हुक्म अपने बुजुर्गों का ठुकराएँगी

**कैदो** : मजनूँ बन जाएगा गाँव का हर जवाँ
एक एक घर से निकलेगी लैला यहाँ
*चौधरी। पंच लोग।*

**पंच** : हीर बेटी तुम्हारी है तुम बाप हो

**दूसरा** : जैसी मर्ज़ी तुम्हारी वैसा करो

**तीसरा** : गाँव लेकिन न दुख सुख में काम आएगा
हुक्का पानी भी अब बंद हो जाएगा
*चौधरी व पंच पीठ मोड़कर चले जाते हैं।*

**चौधरी** : ये न समझो मुझे गाँव का ग़म नहीं
गाँव मेरे लिए हीर से कम नहीं...

**चौधरी** : कौन जाने इसी में हो उसका भला
मुझको मंजूर है गाँव का फैसला

*कैदो चौधरी की ओर देख कर सिर पर पगड़ी बांधता है। हीर चुपचाप कमरे में। राँझा कमरे में बंद है। आदमी बाहर टहल रहे हैं।*

**राँझा** : मैं जाऊँगा...मैं जाऊँगा...
*भाई खिड़की के सामने आता है। राँझा चिल्लाता है।*

**राँझा** : मुझे जाने दो...जाने दो...
*बड़ा भाई लस्सी पी के।*

**आ.सा.** : मैं जीने से बाज़ आया
*दूसरा भाई हुक्का लिए।*

**आ.सा.** : मुझे तुम जाँ गँवाने दो
*एक भाई छपरे के पास आता है। राँझा खिड़की के सींखचे खींचते हुए चिल्लाता है।*

**राँझा** : मुझे जाने दो...
*हीर माँ के पैरों पर पड़ी है।*

**हीर** : माँ मेरी मीठी मीठी माँ तुम पे कुरबान
तू बचा ले मुझे
और मेरा कहाँ ठिकाना है अपने आँचल में छुपा ले मुझे...

*सैदा की बारात आ रही है। लोग नाच रहे हैं। हीर गुमसुम कमरे में बैठी है।*

**आवाज़** : तुझसे कुछ काजी जी ने पूछा है।

*कैदो व काज़ी बैठे हैं।*

**कैदो** : बोल, क्या मुँह सुजाए बैठी है।
नाक तो खैर तुमने कटवा दी
क्या ज़बान भी कटाए बैठी है

**काज़ी** : चुप करो तुम !

*काजी हीर से*

**काज़ी** : ये काम मेरा है !
बेटी इस वक़्त ये शर्म फ़जूल
अपनी मर्ज़ी बता दे साफ़ मुझे
है तुझे दिल से ये क्या क़बूल...

*सारी सहेलियाँ चिक के उस पार हैं। हीर गुमसुम बैठी है। काज़ी हीर से।*

**काज़ी** : बोल ! तेरा भला हो मुँह से बोल
हाँ नहीं कुछ तो कह, ज़बाँ तो खोल

*सहेली मुँह पे हाथ रखती हैं।*

**सहेली** : फिट्टे मुँह ! यह मूआ भी उसके पीछे पड़ गया है।

*सहेलियाँ।*

**सहेली** : पूछे जाता है।
ज़बां रुकती नहीं, थकती नहीं...

**तीसरी** : पूछने दो, अपने मज़हब का भी एक क़ानून है
लड़की जब तक हाँ न कह दे शादी हो सकती नहीं

*चौधरायन काजी से*

**चौधरायन** : बेटी, मैं तुझ पे सदक़े हाँ कह दे
चाहते हैं जो बाप-माँ कह दे

*काजी हीर से*

**काज़ी** : देर होगी तो क्या कहेंगे लोग
चाहती है तू घर की रुसवाई
दर पे बारात आ चुकी पगली
गाँव में बज रही ? शहनाई...

**हीर** : काज़ी क्यों मज़ाक़ करते हो
कैसी बारात कैसी शहनाई...

मेरा दूल्हा अभी नहीं आया...
*सहेली मुस्कराती है। चौधरायन (माँ)।*

**माँ** : और भी बढ़ गई तेरी हिम्मत
हमने सबर से जो काम लिया
इस जोड़े में दफ़न कर दूँगी
उस दग़ाबाज़ का जो नाम लिया...

**हीर** : माँ बिछाया गया है जाल कोई
वो दग़ाबाज़ हो नहीं सकता
मेरा राँझा जरूर आयेगा...

**कैदो** : तेरा डोला हज़ारे जायेगा...
*एक आदमी।*

**कैदो** : खेड़े तैयार होकर आए हैं
गाँव में आज मौत नाचेगी
तेरा डोला जो नहीं उठता
जाने किस किसकी लाश उठेगी
*दूल्हा व बाराती दुल्हन के इंतज़ार में। चौधरी। माँ हीर के पाँव छूकर।*

**माँ** : माँ तेरे पाँव पड़ती हूँ...

**हीर** : अल्लाह !
*काजी खुश होकर*

**काज़ी** : तो मैं सैदा से पढ़ दूँ तेरा निकाह
हीर गुस्से से

**हीर** : ग़ैर मरदों का नाम भी सुनना
मेरी ख़ातिर गुनाह है काज़ी
तुम तुझे मत गुनहगार करो
ज़िक्र उसका न बार-बार करो

**कैदो** : जाने क्या ओल फौल बकती है
अब जो बोलेगी खेंच लूँगा ज़बान

**काज़ी** : ज़िद भली लड़कियों का काम नहीं
हीर अपने बड़ों का कहना मान
*हीर काज़ी से*

**हीर** : जब बड़े कह रहे हो काज़ी जी
हीर रस्मे वफ़ा को तोड़ दे तू...
हीर अपने खुदा को छोड़ दे तू...

कैसे कहना बड़ों का मान लूँ...
*कैदो व माँ हीर को देख रहे हैं।*

**कैदो** : वाह वाह क्या इश्क़ है सुना भाभी
ये तो लैला की भी ... निकली...

**कैदो** : चौधरी को बता के आता हूँ
मुँह पे कालख लगा के आता हूँ
*क़ाज़ी हीर से*

**क़ाज़ी** : शर्म ज़ेवर तेरा हया गहना
हुस्न है लड़कियों का चुप रहना
*हीर क़ाज़ी से*

**हीर** : तोड़ के दिल के टूटे तारों को
अब तुम इसकी सदा से डरते हो
खुद ही तूफ़ां उठाए हैं तुमने
और खुद ही हवा से डरते हो...
*लड़की मुँह पर हाथ रखती है।*

**क़ाज़ी** : बहुत तैर ली अब किनारे पे आ

**हीर** : मोहब्बत का कोई किनारा नहीं।

**क़ाज़ी** : तू क्या बक रही है खुदा से तो डर

**हीर** : खुदा कुछ अकेले तुम्हारा नहीं

**क़ाज़ी** : ज़बान बंद कर नीच !

**हीर** : चिल्लाओ मत !

**क़ाज़ी** : सज़ा दूंगा इसको

**हीर** : भड़काओ मत...

**क़ाज़ी** : ज़माने की नफ़रत...

**हीर** : तुम्हारे लिए...

**क़ाज़ी** : जहाँ भर की लानत

**हीर** : तुम्हारे लिए।

**क़ाज़ी** : गुनहगार...

**हीर** : बेरहम !

**क़ाज़ी** : बेशर्म...

**हीर** : नाग !
*क़ाज़ी। देखता रह जाता है हीर जलकर कहती है।*

**हीर** : डसे तुझको क़ाज़ी जहन्नुम की आग
*माँ हीर को तमाचा मारती है। सहेली गाल पर हाथ रखकर*

*रोने लगती है। काज़ी।*

**काज़ी :** चौधरी के ख़्याल से चुप हूँ...
वरना मैं ये ज़बां जला देता
थूकते लोग तेरी सूरत पर
गाँव में आग-सी लगा देता

*हीर, माँ के पास से मुड़कर कहती है। काज़ी पास आता है।*

**हीर :** मुझे क्यों कर रहे हो तुम मजबूर
किसने हक़ दिया है बतलाओ
तुम हो काज़ी तुम्हारा काम है ये
हाँ नहीं सुन लो और चले जाओ

**काज़ी :** सच कहा है इश्क लानत है
क़हर है, रोग है, मुसीबत है

**हीर :** इश्क़ लानत नहीं है रहमत है
इश्क़ पूजा है इक इबादत है
इश्क़ जिसमें बसा नहीं रहता
ऐसे दिल में खुदा नहीं रहता

**काज़ी :** हीर दुश्मन है इश्क़ मज़हब का

**हीर :** तुम चले जाओ वास्ता रब का
जाओ भी क्यों सताने आए हो
क्या मिलेगा रुला रुला के मुझे
पाओगे क्या जला जला के मुझे
छेड़ते क्यों हो दिल के दाग़ों को
क्यों बुझाते हो इन चिरागों को
बोल रब्बा मैं किस तरफ़ जाऊँ
झोली अब किसके आगे फैलाऊँ
कोई मुझ पर तरस नहीं खाता
कोई पत्थर पिघल नहीं पाता
कोई सुनता नहीं मेरी फ़रियाद
एक मैं और सैकड़ों जल्लाद

*सैदा सेहरा बाँधे दोस्तों के साथ बैठा है।*

**सैदा :** इस क़दर देर ?

**साथी :** मैं ना कहता था, अच्छे लगते नहीं मुझे आसार
जाने क्या आज होने वाला है कह दो खेड़ों से खैंच लें

तलवार।

*कैदो व सामने दूल्हा की पाटी। धीरे से कैदो दरवाज़ा बंद करता है।*

**आवाज़ :** सब्र...सब्र में ही भला हम सब का

*कैदो मुड़कर देखता है। दो लड़कियाँ डर कर कैदो को देखती हैं।*

**कैदो :** ये इधर इश्क इश्क करती है
और तलवारें खिंच रही हैं उधर
नाक काटी हज़ारे वालों ने
बेड़े काटेंगे चौधरी का सर...

*माँ पलटकर देखती है।*

**कैदो :** इसको क्या ग़म जो होगी माँ बेवा
अपने दिलदार को बुला लेगी
देख लेना ये अपने पाँव की सेज़
बाप की क़ब्र पर सज़ा लेगी

*हीर देख रही है। माँ सर पर हाथ मार कर रोती है। कैदों के सामने चली जाती है।*

**माँ :** मैंने भी कैसी बेटी पैदा की
इसको पाला लगा के सीने से

*माँ छाती पर हाथ मार अल्मारी के पास जाती है।*

**माँ :** कोख बदनाम हो गई मेरी
मौत अच्छी है ऐसे जीने से

*अलमारी खोलकर एक हाथ ज़हर की शीशी निकालता है।*

**आ.सा. :** ज़हर ! क्या कर रही हो ?

**माँ :** छोड़ मुझे कौन दुनिया को मुँह दिखाएगा

**कैदो :** तुम को क्या फ़िक्र मैं जो ज़िंदा हूँ

*कैदो दरवाज़ा खोलकर अंदर आता है। माँ रोती है।*

**माँ :** क़ैदो !

*कैदो दरवाज़े के बाहर। हीर कैदो को देखती है। कैदो आता है।*

**कैदो :** बदज़ात आँख खोल के देख
माँ तेरी ज़हर खाने वाली थी

तेरी डोली के बदले इस घर से
आज इक लाश जानेवाली थी...
*माँ भाग कर कमरे में आती है।*

**माँ** : मैं तेरे पाँव पड़ती हूँ कैदो
मुझको मरने दे, ज़हर खाने दे
मेरी बेटी नहीं है दुश्मन
इसके साये से दूर जाने दे

*कैदो मुड़कर जाता है। काज़ी आँखें मूँदे जा रहा है। एक आदमी काज़ी को जाते देखता है। कैदो रुपयों की थैली निकालकर दिखाता है। कैदो काज़ी के पास जाता है। रुपयों की थैली दिखाता है। कैदो काज़ी के सामने रुपयों की थैली लिए।*

**कैदो** : कह दो इसको क़बूल है रिश्ता
कह दो शर्मा के इसने हाँ कह दी
और पढ़ दो निकाह सैदे से
है भलाई इसी में हम सबकी

**काज़ी** : वो ना मानी है ना मानेगी...
*गूँगा आता है। काज़ी गूँगे की ओर देखकर क़ैदो कहता है।*

**कैदो** : इससे डरते हो, ये तो गूँगा है

**काज़ी** : तुम भी अच्छा गवाह लाए हो

**कैदो** : जानता था जो होने वाला है

*गूँगा शक की नज़र से देखता है। दो लड़कियाँ दरवाज़े से हटती हैं। कैदो व काज़ी आते हैं। बाहर हंगामा है।*

**काज़ी** : ठहरो ! रुक जाओ...रुक जाओ

**कैदो** : खुशी से उसने हाँ कह दी
मुबारक हो...मुबारक हो...
*राँझा खिड़की से चिल्ला रहा है। भाभी दही बिलो रही है।*

**राँझा** : जाने दो...
*भाभी अनाज चुन रही है।*

**आवाज़** : किया है क़ैद क्यों मुझको

*भाभी झाड़ मार रही है।*

**आवाज़ :** ये सारे कैसे पसरे हैं ?

*दो भाभियाँ बाल बना रही हैं।*

**आवाज़ :** कोई सुनता नहीं, सब मर गए
सब गूँगे बहरे हैं...

*भाभी खिड़की के पास जाती है। लस्सी का गिलास बढ़ाती है। राँझा हाथ मार कर गिलास गिराता है। गिलास से लस्सी बिखरी पड़ी है। भाभी गिलास उठाकर जाती है। राँझा खिड़की के पीछे। एक भाभी बच्चे को लिए सीढ़ियों पर बैठी है। राँझा सींखचे के पास। भाभी खिड़की के पास आती है।*

**राँझा :** जैसी सब हैं तू भी वैसी हो गई।

*भाभी।*

**आवाज़ :** तेरा नाजुक दिल भी पत्थर हो गया है।

*राँझा सींखचे पकड़े है।*

**राँझा :** दुश्मनों के गाँव में आजाद था
कैद अपने घर में आकर हो गया

*भाभी इधर उधर देखती है। एक भाभी कपड़े निचोड़ती है। छोटी भाभी राँझा की ओर देखकर जाती है। छोटी भाभी बाहर चली जाती है। भाई दरवाजे से खड़ा देखता है। भाई धीरे से दरवाज़े की कुंडी खोलता है। राँझा कुंडी खुलने की आवाज़ सुनकर देखता है। भाई दरवाज़ा खोलकर देखता है। राँझा देखकर हँसता है। लड़कियाँ हीर को सजा कर लाती हैं। आदमी व औरतें खड़े हैं। सबकी आँखों में आँसू हैं। सहेलियाँ हीर को थामे हैं। एक रोती है। सामने कैदो आता है। बाप सामने आता है।*

**हीर :** हाय रोती है तू, मुस्करा दिलजली
देख किस धूम से मेरी मैयत चली
यों तो दुनिया ने भी तीर मारे बहुत
याद आएँगे एहसां तुम्हारे बहुत
माँ अब ऐसे न घर से निकालो मुझे
आओ सीने से अपने लगा लो मुझे

ढोंग शादी का तुमने रचाया फ़ज़ूल
न किया न करूँगी यह रिश्ता क़बूल
तुमसे ये बात पूछेगी दुनिया सदा
कैसे बिन ब्याही बेटी को रुख़सत किया
आओ मेरे जनाज़े को कान्धा तो दो
क़ब्र तक अपनी बेटी को पहुँचा तो दो...

*हीर अल्लारखी के गले मिलती है। हीर सहेली से गले मिलती है। हीर दूसरी सहेली के गले मिलती है। हीर तीसरी सहेली के गले मिलती है। सहेलियाँ रोते हुए हीर को देखती हैं। हीर माँ व सहेलियों के पास से गुजरती है। सहेलियाँ रो रही हैं। हीर बाप के गले मिल रही है। चारों ओर लोग खड़े हैं। वो डोली में चढ़ाई जाती है।*

**आवाज़ :** डोली चढ़ते ही हीर ने बैन किए

*अल्लारखी रो रही है। पीछे औरतें भी रो रही हैं। सहेलियाँ रो रही हैं। हीर डोली पर चढ़ाई जा रही है। चारों ओर लोग खड़े हैं।*

**आवाज़ :** मुझे ले चले बाबुल ले चले
मुझे रोक ले बाबुल रोक ले तू

*लोग डोली उठाकर जा रहे हैं। सब पीछे-पीछे जा रहे हैं। हीर की डोली कहार ले जा रहे हैं। काज़ी देख रहा है। कैदो एक ओर जाता है। चौधरी सर पर हाथ रखकर रोता है। औरतें चली जा रही हैं। लोग घरों की छतों से डोली को जाते देख रहे हैं।*

**आवाज़ :** दो चार घड़ी भी न चैन पाया।
*बैलगाड़ियों का काफ़िला जा रहा है। पीछे-पीछे डोली जा रही है।*

**आवाज़ :** दुःख दर्द मुसीबत सह चले वे
*चौधरी सर झुकाता है।*

**आवाज़ :** मेरा कहा सुना सब माफ़ करना
कुछ रोज़ तेरे घर रह-चले रे...

*नदी बह रही है। एक नाव बँधी खड़ी है। उस पार धूल उड़ रही है। राँझा देख रहा है। राँझा चिनाब नदी में कूद पड़ता है। हीर रो रही है।*

**आवाज़ :** मुझे राँझा ने रब के हवाले किया
हम देस में जालिमों के ले चले गये...
*राँझा चिनाब में तैर रहा है*
(अलाप)
*हीर गुमसुम बैठी है।*

**आवाज़ :** रही प्यार की झोली देख खाली
*राँझा नदी पार जाता है।*

**आवाज़ :** कोई चीज़ भी साथ न ले चले वे

*जंगल में लड़की भाग कर आती है।*
*राँझा चला जा रहा है। अचानक रुकता है। एक लड़की खड़ी है। राँझा को देखकर मुँह फेरती है।*

**लड़की :** सिर्फ़ अफ़सोस है कोई शिकवा नहीं
तुमने उसका जनाज़ा भी देखा नहीं...
*राँझा। वह एक ओर जाता है।*
*लड़की रो रही है। बाग़ में राँझा भाग रहा है।*

**आवाज़ :** मेरे बाद ख़बर तेरी कौन लेगा
*राँझा भाग रहा है।*

**आवाज़ :** तेरे भाग में हैं तन्हाइयाँ वे
*राँझा खेतों में भाग रहा है।*

**आवाज़ :** मुझे और उम्मीद थी और हुआ...

*डोली चली जा रही है। बैलगाड़ियाँ पीछे आ रही हैं। राँझा भाग कर डोली के पास आता है।*
(अलाप) *राँझा डोली में झाँक कर देखता है। हीर राँझा को देखती है। उसके गले लग जाती है।*

**आवाज़ :** करीब से बेपरवाहियाँ वे...

*हीर राँझे के गले से लगकर रो रही है। दो आदमी राँझा को पकड़ते हैं। खींचते हैं और मारते हैं। हीर रो रही है। चौधरी व कैदो बैठे हैं। राँझा आता है।*

**चौधरी** : कमबख़्त अब आया है !

**राँझा** : हाँ चौधरी आया हूँ मैं नज़राना देने के लिए
दो टूटे दिल लाया हूँ मैं तुम इनमें सूरत देख लो
अपनी शराफ़त देख लो अपनी हक़ीकत देख लो...

**चौधरी** : झूठे, फरेबी, चालबाज़, बस बंद कर ये राग तू
*कैदो दोनों की ओर देखता है*

**आवाज़** : ख़ामोश ! तूफ़ां से न खेल...

**चौधरी** : भड़का न बुझती आग को
खुद लौट के आया नहीं
भाई को भी लाया नहीं
पैग़ाम भिजवाया नहीं...

**राँझा** : क्या कह रहे हैं चौधरी ! भाई तो मेरे आए थे
गुंडों से जा के पूछ लो ! मँगनी का जोड़ा लाए थे
तुमने उन्हें ठुकरा दिया...
*चौधरी गुस्से में।*

**चौधरी** : ठुकरा दिया ?

**राँझा** : ये झूठ है, इल्ज़ाम है !

**कैदो** : जाने ये किसका काम है ?

*राँझा गुस्से से कैदो को देखता है। उसे पकड़ता है। सभी लोग आते हैं।*

**राँझा** : लंगड़े कहाँ जाता है तू

**चौधरी** : तूने किया है यह सितम ?

**राँझा** : ज़िंदा न छोड़ूँगा तुझे
टूटे हुए दिल की कसम !

**कैदो** : भाई बचा लो तुम मुझे...

**चौधरी** : गुंडे बचाऊँगा तुझे !
दुश्मन है तू भाई नहीं
ठोकर लगाऊँगा तुझे
*हीर।*

**हीर** : तड़प के मर जाऊँगी अभी मैं
लगाओगे तुम जो हाथ मुझ को
*सैदा देख रहा है। हीर लड़खड़ा रही है।*

**हीर** : किया था इनकार साफ़ मैंने

मेरा खुदा है गवा मेरा
दिया है काज़ी ने तुमको धोखा
पढ़ा जो तुमसे निकाह मेरा...
*सैदा गुस्से से हीर के पास आता है।*

**सैदा** : ख़ामोश ! दीवानी हो गई है
अगर न होती तू दिल से राज़ी
कभी न करता गुनाह ऐसा
कभी न पढ़ता निकाह काज़ी
गुनाह किसका है पास किसका है
अब इससे क्या मुझको वास्ता
यहाँ तेरी डोली आ चुकी है
ये आबरू का मामला है...
*हीर। सैदा उसकी ओर बढ़ता है। शराब पीता है।*

**हीर** : यही समझ लो तुम्हारे घर में
पनाह लेने को आई हूँ मैं
मेरी मोहब्बत पे रहम खाओ
ना पास आओ पराई हूँ मैं
*हीर की ओर बढ़ता है*

**सैदा** : पराई है ये...पराई है तू
यह कैसा धोखा किया है मुझसे
पराई औरत गले से बाँधी
कितना ज़लील किया है मुझको...
*सैदा मुस्कराकर।*

**सैदा** : तू दिल मुझे अपना दे न दे अब
मैं जिस्म तो तेरा जीत लूँगा
*सैदा हीर को पकड़ता है।*

**हीर** : नहीं !

**सैदा** : आ...

**हीर** : नहीं...

**सैदा** : यूँ न मानेगी...

*हीर कमरे में भाग रही है। हीर पलँग के पीछे से भागती है। सैदा पीछे भाग रहा है। दीवार पर परछाइयाँ भाग रही हैं। सैदा हीर का पल्लू पकड़ता है। सैदा हीर का*

*गला पकड़ता है। हीर छूटकर भागती है। हीर भागकर दरवाज़े पर आती है। सैदा आकर पकड़ता है। दरवाज़ा खुलता है। सामने सेहती खड़ी है। सैदा हीर को खींचकर दरवाज़ा बंद करता है।*

**हीर** : खुदा के लिए कोई आए

*सेहती आकर सैदा की माँ से कुछ कहती है। माँ जो औरतों के बीच थी उठकर सेहती के साथ जाती है।*

**औरतें** : बड़ी सोहनी है...बड़ी भोली भाली है....सलामत रहे...खुश रहे करमांवाली...

**सेहती** : उठो माँ, उठो...

**माँ** : क्या हुआ सेहती ?

**सेहती** : आओ माँ...

**औरतें** : जो बोला हो वो देना हमें...

**माँ** : जाओ दो...

*सैदा हीर को दबा रहा है। दरवाज़ा खुलता है। सेहती आती है। सैदा हीर को दबोचे है। हीर चीख़ रही है। माँ व सेहती देखती हैं। हीर निकल जाती है। सैदा देखता रह जाता है। उठकर माँ व सेहती के पास आता है।*

**सैदा** : मुबारक हो तुमको बहू, तुमको भाभी
यहाँ बैठ के दोनों ढोलक बजाओ
बहुत खुश थीं आंगन में चमकेगा चांद
अँधेरे में अब जा के मुख छुपाओ

**माँ** : हुआ क्या मेरे लाल ?

**सैदा** : पूछो इसी से ! यहाँ आई है दिल गँवाने के बाद...

**माँ** : तुझे मेरी सौगन्ध, घर में मेहमान हैं
समझ लूँगी लोगों के जाने के बाद...
*राँझा खेतों में भटक रहा है। गाता है।*

**राँझा** : ये दुनिया ये महफ़िल
मेरे काम की नहीं...मेरे काम की नहीं
ये दुनिया ये महफ़िल
मेरे काम की नहीं...मेरे काम की नहीं

ये दुनिया ये महफ़िल
मेरे काम की नहीं...मेरे काम की नहीं
ये दुनिया ये महफ़िल
मेरे काम की नहीं...मेरे काम की नहीं

*उजाड़ जंगल। जंगलों में भटकता हुआ। राँझा।*

**राँझा :** किसको सुनाऊँ हाल दिले बेक़रार का
बुझता हुआ चिराग़ है अपने मज़ार का
एक काश भूल जाऊँ मगर भूलता नहीं
किस धूम से उठा था जनाज़ा बहार का
ये दुनिया ये महफिल मेरे काम की नहीं...मेरे काम की नहीं

*राँझा जंगल में।*

**राँझा :** मेरे काम की नहीं...

*राँझा मंदिर की ओर सीढ़ियां चढ़कर जा रहा है। राँझा लोगों के बीच से मंदिर के आँगन में आता है। राँझा अस्त-व्यस्त हालत में बाल बढ़े हुए एक ओर जा रहा है। पहाड़ के पास बहती नदी। एक मज़ार से। राँझा काले कपड़े पहने हैं। राँझा दरवेश के रूप में रास्ते पर निकल जाता है। राँझा रेतीले मैदान में जा रहा है। राँझा गा रहा है।*

**राँझा :** अपनी मिले न ख़बर यार को मिले
दुश्मन को भी न ऐसी सज़ा प्यार की मिले
उनको खुदा मिले है खुदा की जिनको तलाश
मुझ को बस इक झलक मेरे दिलदार की मिले
ये दुनिया ये महफ़िल
मेरे काम की नहीं, मेरे काम की नहीं...

*राँझा आकर एक ओर जाता है।*
*रेगिस्तान में राँझा जा रहा है। रेगिस्तान में सूरज डूब रहा है। राँझा चला जा रहा है। राँझा रेगिस्तान में गा रहा है।*

**राँझा :** सेहरा में आ के भी मुझ को ठिकाना न मिला
ग़म को भुलाने का कोई बहाना न मिला

दिल तरसे जिसमें प्यार को, क्या समझूँ उस संसार को
एक जीती बाज़ी हार के मैं ढूँढूँ बिछड़े यार को
ये दुनिया ये महफ़िल मेरे काम की नहीं...
*पाँव चल रहे हैं।*

**आवाज़** : मेरे काम की नहीं...
*हिमालय का तराई में राँझा भटक रहा है।*
*पत्थरों पर खड़ा राँझा।*
(अलाप)
*बड़ी चट्टान पर खड़ा राँझा।*
(अलाप)
*राँझा साधू के भेस में गा रहा है।*
(अलाप)
*खिड़की के पास हीर रो रही है। राँझा साधू बना जंगल में गाता जा रहा है।*

**राँझा** : दूर निगाहों में आँसू बहाता है कोई
*हीर रो रही है।*

**आवाज़** : कैसे न जाऊँ मुझको बुलाता है कोई
*राँझा गाता जा रहा है।*

**राँझा** : या टूटे दिल को जोड़ दो या सारे बंधन तोड़ दो ए परबत रस्ता दे मुझे
*राँझा काँटों के बीच गाता हुआ जाता है।*

**राँझा** : काँटों दामन छोड़ दो
ये दुनिया...
*राँझा गली की लंबी सीढ़ियाँ चढ़ रहा है।*

**राँझा** : ये महफ़िल मेरे काम की नहीं
मेरे काम की नहीं...
*शहर के दरवाज़े में से राँझा चला आ रहा है।*

**राँझा** : ये दुनिया ये महफ़िल
मेरे काम की नहीं, मेरे काम की नहीं
*राँझा लकड़ी के सहारे आ रहा है। हंसी पर रुकता है।*

**राँझा** : ये दुनिया ये महफिल मेरे काम की नहीं, मेरे काम की नहीं।
*एक आदमी पागलों की तरह हँस रहा है।*

**आदमी** : ये दुनिया...बड़ी खूबसूरत है जोगी

*राँझा। दरवेश बने।*

**आवाज़ :** यहाँ हुस्न है, इश्क़ है, ज़िंदगी है

*हँसता हुआ मुराद।*

**मुराद :** यहाँ यार है, प्यार है, दोस्ती है।

*राँझा दुखी मन से देखता है।*

**आवाज़ :** ये ख़्वाबों की रंगीन जन्नत है जोगी

**राँझा :** अभी तुमने दुनिया को समझा नहीं

*राँझा।*

**राँझा :** बसा कर दिलों को मिटाती है दुनिया
हँस कर हमेशा रुलाती है दुनिया
यहाँ मीत कोई किसी का नहीं...

*मुराद हँसता हुआ सीढ़ी से चढ़कर चला जाता है। राँझा देखता है। आदमी हँसता है।*

**आदमी :** इसको तुम जानते नहीं जोगी।

*राँझा पलटकर देखता है। दूसरा कहता है।*

**आदमी :** नाम इस नामुराद का है मुराद
ये भी फोड़ेगा सर पहाड़ों से

*राँझा लोगों की ओर देखता है। दो आदमी।*

**आदमी :** गांव का अपना चौधरी सैदा हीर को ब्याह के जो लाया है।

*राँझा चौंकता है। पहला आदमी।*

**आदमी :** उसकी छोटी बहन है एक सेहती
इसने दिल उससे जा लगाया है।

*दूसरा आदमी।*

**दूसरा :** जान देता है नाम पर

*पहला आदमी।*

**पहला :** वो भी कुछ मेहरबान है इस पर

*सेहती भागकर मकान में आती है। सेहती भागकर हीर के पास आती है जो अनाज पीस रही है। पास ही माँ खड़ी है। सेहती हीर के पास बैठती है।*

**माँ :** अरे तू सो गई या मर गई, जल्दी कर जल्दी नहीं तो तेरी हड्डी-पसली इस चक्की में पीस दूँगी।

*हीर व सेहती।*

**हीर** : मिला था वो ?

**सेहती** : मिला तो था...

*सैदा पास से गुज़रते हुए देखता है। फिर चला जाता है।*

**हीर** : तो फिर इतनी उदासी क्यों ?

**सेहती** : न जाने मिल के भी रहती है अपनी रूह प्यासी क्यों

*राँझा दरवाज़े पर आकर सैदा को देखता है। चिमटा बजाता है। सैदा जाता है।*

**राँझा** : अलख निरंजन...तू दे दे दर्शन
ग़रीब जोगी का भर दे दामन

*सेहती आटा लाती है।*

**सेहती** : ये भीख ले लो सम्भाल लो जोगी।

*राँझा हँसता है।*

**राँझा** : ना तू दुखी है ना कोई रोगी
मैं उसके हाथ से भीख लूँगा
जो ज़िंदगी से निराश होगी

*सेहती गुस्से से।*

**सेहती** : तू जोगी है कि ढोंगी यहाँ से भाग मुस्टंडे
जो भाई आ गया मेरा तो पड़ेंगे सर पे सौ डंडे

*राँझा झोला लिए।*

**राँझा** : अकड़ती क्या है कुडिए ये जवानी चार दिन की है
अदा की रूप की रंगीन कहानी चार दिन की है

*सेहती गुस्से से।*

**सेहती** : जवानी मेरी ताकता है मुए आँख तेरी फूटें
और तुम्हें कोहलू में पीसे रब्ब पटापट हड्डियाँ टूटें

**राँझा** : मटकना छोड़ दे लड़की
जो जोगी को सताएगी
गिरेगी सर से चुनरी हुस्न की और टूट जाएगा

**सेहती** : परे हट ! तुझसे भालू रोज रस्ते में नचाती हूँ
दिलों का खोट आँखें देख के मैं ताड़ जाती हूँ

*हीर चक्की पीस रही है। राँझा व सेहती।*

**राँझा** : मैं सब कुछ जान लेता हूँ
गुरु की मेहरबानी से नज़र पहचान लेता हूँ
दिला दे भीख तेरी आरजू के फूल खिलें
मुराद कर मेरी पूरी तुझे मुराद मिले

*सेहती पलटकर देखती है।*

**सेहती** : मुराद मिले ?

**राँझा** : तुझे मुराद मिले...

*सेहती मुस्कराकर अंदर जाती है हीर के पास। उसे उठाकर ले जाती है।*

**सेहती** : चलो उठो !

**हीर** : कहाँ ?

**सेहती** : पहुँचा हुआ जोगी है भाभी
बस आँखें देखकर दिल की तमन्ना जान लेता है
तुम्हारे दुःख भरे दिल को भी शायद शांति दे दे
दुआ देता है पहले बाद में एहसान लेता है

*राँझा जोगी के भेस में हीर व सेहती आकर खड़ी होती हैं। हीर देखती रह जाती है। राँझा। हीर।*

**हीर** : मुझे इस तरह देखते क्यों हो जोगी
मयस्सर मुझे शांति क्यों न होगी
*राँझा एकटक देख रहा है।*

**हीर** : यूँ ही सदा मैं कांटों पर चलती रहूँगी
इसी तरह जलती-पिघलती रहूँगी
पड़ेंगी न सावन की मीठी फुहारें...
न पलटेंगी क्या मेरी रूठी बहारें
मुकद्दर में क्या कुछ लिखा है बता दे
मेरी मुश्किल आसान हो ये दुआ दे
*राँझा हीर की ओर देखकर।*

**राँझा** : जो है तेरी मुश्किल वही मेरी मुश्किल...
*हीर ग़ौर से देखती है।*

**आवाज़** : हुए एक ही तीर में दोनों घायल

**राँझा** : तेरे ज़ख़्म मेरी तड़प से हरे हैं
मेरी आँख में तेरे आँसू भरे हैं
*हीर। राँझा।*

**राँझा** : तुझे क्या पता किसकी जपता हूँ माला
उसी का हूँ जोगी, था जिसका ग्वाला
*हीर खोई सी देखती है। सेहती देखती है।*

**राँझा** : जहाँ दफ़न हैं मेरे मासूम आँसू

उसी मक़बरे में मेरी रात होगी
रमाई है ये जान के मैंने धूनी
वहीं आत्मा से मुलाकात होगी।

*हीर एकटक देखती है। सेहती टेढ़ी नज़र से हीर को फिर राँझे को देखती है। मुस्कराती है। जंगल में राँझा पेड़ के पास।*

**आवाज़** : तन्हा तन्हा खोया-खोया।

*राँझा एक ओर मुड़कर देखता है। जंगल में हीर भागती आती है। राँझा मिलने जाता है। दोनों एक दूसरे से लिपट जाते हैं। हीर व राँझा लिपटे हुए।*

**राँझा** : कितने तूफ़ान आए
**हीर** : न पूछ...सारी दुनिया अंधेरी रही
हीर तेरी थी तेरी रही...
*हीर व राँझा।*
**राँझा** : यूँ ही दरगाहों पे सर फ़ाड़ा किया
तू मिली तो मिला मुझको खुदा
**हीर** : मुझको सीने से लगा ले भींच ले
दर्द सब नस-नस से मेरी खींच ले...
*हीर व राँझा लिपटे हुए।*
**राँझा** : चाँदनी आँचल में भर लाई है तू
रात ये चमकी है जब आई है तू
*हीर व राँझा लिपटे हुए।*
**हीर** : रात ढल जाए हमारे प्यार में
रात जल जाए हमारे प्यार में
दूर इस ज़ालिम जहाँ से ले चलो
दूर इस ज़ालिम जहाँ से ले चलो...ले चलो...
*आवाज़ पर वह डरकर देखते है। राँझा व हीर जंगल में भाग रहे हैं।*
**हीर** : मुझ को यहाँ से ले चलो

*राँझा हीर का हाथ थामे भाग रहा है। हीर व राँझा भाग रहे हैं। सैदा आदमियों के साथ।*

**सैदा** : पर कहाँ बाकी है जो उड़ जाएगा
खा के ठोकर आप ही गिर जाएगा।

*राँझा हीर का हाथ थामे भाग रहा है। हीर थक कर गिरती है। वह पास बैठता है। तीन घुड़सवार जा रहे हैं।*

**सैदा** : हीर से होता न मुझको प्यार गर
अब तलक बाकी न रहता तन पे सर

*सैदा घोड़े पर जा रहा है। चनाब का किनारा। चनाब के किनारे जंगल। घुड़सवार हीर व राँझा को रस्सियों में जकड़े खींचे लिए जा रहे हैं। राँझा व हीर रस्सियों में जकड़े खिंचे चले जा रहे हैं। हीर गिरती है। दो घुड़सवार आगे हुए घुड़सवारों के पास आते हैं। साथ ले जाते हैं।*

**आवाज़** : ओ तुम कौन हो ?
**आवाज़** : हम सिपाही हैं राजा के
**आवाज़** : गुनहगार हैं ये हमारे
**आवाज़** : गुनहगार है कौन ये फ़ैसला
होगा राजा के दरबार में...
*राजा साहब।*
**राजा** : कौन-सी गुत्थी है जो हमने सुलझाई नहीं
ऐसी फ़रियाद आज तक दरबार में आई नहीं
*दरबार सजा है। हीर व राँझा एक ओर खड़े हैं। कुछ लोग बैठे हैं। कुछ खड़े हैं।*
**आवाज़** : हीर और राँझा
तुम्हारा जुर्म अगर साबित हुआ
**राजा** : घर से छुप कर भाग आने की
**आवाज़** : सज़ा देंगे तुम्हें...
**राजा** : जिस तरह धोता है धब्बा अपने दामन से कोई
हम यूँ ही धरती के सीने से
**आवाज़** : मिटा देंगे तुम्हें...
**राजा** : और...
*काज़ी घबराकर देखता है।*
**आवाज़** : अगर काज़ी में
सैदा

**आवाज़ :** और सैदा में कोई साज़बाज़

**राजा :** यानी ये शादी हकीकत में कोई शादी नहीं
तो सज़ा ऐसी मिलेगी इनको इस दरबार से
सुर्ख़ हो जाएगी इन दोनों...
*कैदो घबराता है*

**आवाज़ :** खूँ पे ये जूर्म है...
*दीवान झुक कर जाता है। दीवान मुस्करा कर।*

**दीवान :** काज़ी तुम जब जुबान खोलेगे, मुझे आशा है सच ही बोलोगे...
*काज़ी आँखें बंद किए।*

**काज़ी :** सच ही बोलूँगा।

**दीवान :** मानता हूँ मैं...तुमको थोड़ा-सा जानता हूँ मैं...
*काज़ी घबराता है।*

**दीवान :** कैसे समझूँगा ये कि खोटे की...
*काज़ी घबराता है। दीवान हाथ के इशारे से।*

**दीवान :** बस ज़रा सा खुदा से छोटे की...
*काज़ी। ग़ौर से देखता है।*

**दीवान :** जिस्मे नाजुक में जाँ खुदा की है
मुँह के अंदर जुबाँ खुदा की है
जब भी बोलोगे सच ही बोलोगे
वरना हरगिज़ जुबाँ न खोलोगे

**काज़ी :** जान से भी अज़ीज़ है ईमान
मुझको झूठा समझते हो दीवान

**दीवान :** हीर ने तुमको हाँ कहीं थी ?

**काज़ी :** ज़रूर...

**दीवान :** क्या ये सच कह रहे हो तुम ?

**काज़ी :** जी हाँ...

**दीवान :** झूठ पर झूठ बोल रहे हो
*काज़ी घबराकर।*

**काज़ी :** जी हाँ, जी नहीं...
झूठे पर खुदा की मार
हीर ने हाँ कही थी दो दो बार

*दीवान गुस्से से काज़ी की ओर देखकर हीर की ओर देखता*

*है। हीर लोगों के बीच।*

**आवाज़** : हीर !

*दीवान काज़ी की ओर इशारा करके कहता है।*

**दीवान** : हीर को तब मिलेगी इसकी सज़ा

**काज़ी** : जुर्म जो भी किया इसी ने किया।

**दीवान** : उसने चुपके से कुछ कहा होगा
तुमने कुछ और सुन लिया होगा।

*दीवान हँसता है।*

**काज़ी** : हीर की बात सारे घर ने सुनी
वो दीवानी की तरह चीख़ती थी...

**आवाज़** : सुनिए महाराज !

*दीवान दोनों हाथ फैलाकर कहता है। पीछे काज़ी है।*

**दीवान** : हीर चीख़ी थी।
चीख़ती क्यों अगर वो राज़ी थी ?

*महाराज।*

**राजा** : कोई दिल की मुराद अगर पाए
क्यों दीवानों की तरह चिल्लाए

*दीवान व पीछे काज़ी।*

**काज़ी** : बात इतनी भी है मेरे सरकार
इसने पहले किया था कुछ इन्कार
इसकी माँ ज़हर खाने को उठी
जान अपनी गँवाने को उठी
माँ की ख़ातिर पिघल गई बेटी
उसने गर्दन झुका के हाँ कह दी

*दूसरा काज़ी खड़ा होकर।*

**दूसरा** : मुझको महाराज गर इजाज़त दें
कर लूँ काज़ी से मैं भी दो-दो बातें...

*महाराज हाँ में गर्दन हिलाते हैं।*

**दूसरा** : माँ ने उस पर दबाव डाला था।

**काज़ी** : घर जो बरबाद होने वाला था।

**दूसरा** : कोई लड़की दबाव में आ के
डर के मजबूर हो के घबरा के
गर हुई हो निकाह पर राज़ी

शादी जायज़ नहीं है यों काज़ी
अपने मज़हब में जायज़ नहीं दो निकाह
जिसमें दोनों दिलों से जो राज़ी नहीं
हीर इनकार करती रही, थी मगर
फिर ये शादी किसी तरह शादी नहीं
*सैदा साथियों के साथ।*

**सैदा** : दिल से इन्कार किया था अगर
क्यों दुल्हन बन आई थी मेरे घर ?

**दीवान** : बता दे अब भी क्या असलियत है
*काज़ी एक ओर जाता है।*

**काज़ी** : बताओ बाद शादी के इक रात भी
तुमने बीवी के सीने की धड़कन सुनी
*सैदा चुप है। साथी पास हैं। राजा।*

**राजा** : हम हक़ीकत सुनेंगे फ़साना नहीं
इसने शौहर कभी तुम को माना नहीं...
*सैदा साथियों के साथ।*

**सैदा** : नहीं !
*काज़ी। दीवान।*

**दीवान** : बता दे अब भी क्या असलियत है ?

**काज़ी** : हीर राज़ी थी।

**राजा** : दोबारा सोच लो।

**काज़ी** : हीर राज़ी थी महाराज !

**राजा** : उठो काज़ी...

*काज़ी उठकर जाता है। महाराज सिंहासन पर बैठता है। काज़ी कुरान उठाता है और काज़ी की ओर जाता है। महाराज काज़ी की ओर।*

**महा.** : यह क्या है जानते हो ?
*दूसरा काज़ी पहले काज़ी के सामने कुरान लिए खड़ा है।*

**काज़ी** : जानता हूँ

**राजा** : ये कुरान है...
जो इसके सामने भी झूठ बोलेगा वो शैतान है
*काज़ी गिड़गिड़ाकर। सामने दूसरा काज़ी कुरान लिए खड़ा है*

**काज़ी** : मैं सच कहता हूँ...

*राजा गुस्से से।*

**राजा** : पहले सर पे रखो इसको फिर बोलो।

*दूसरा काज़ी उसके सिर पर कुरान रखता है। राजा देखता है। सैदा काज़ी की ओर देखता है। कैदो काज़ी की ओर देखता है। दूसरा काज़ी पहले काज़ी के सर पर कुरान रखे खड़ा है। लोग देखते हैं। राँझा देख रहा है। राँझा के भाई। हीर का बाप। कुरान सर से लगा है। काज़ी घबरा कर।*

**काज़ी** : हीर इनकार कर रही है
उसने रिश्ता किया था दिल से क़बूल...

*हीर सर पर हाथ मारती है।*

**हीर** : हाय !

*तसवीर पानी में गिरती है। काज़ी मुँह फेरता है। राजा गुस्से से।*

**राजा** : झूठ की बू तुम्हारी बात में है
लाओ कोई गवाह साथ में।

*कैदो काज़ी की ओर देखता है। काज़ी दीवार से सटा है। कैदो काज़ी के पास। फिर गूँगे के पास से गुज़रता है।*

**कैदो** : अपने राजा के राज की सौगंध
तख़्ते शाही के ताज की सौगंध
जो कहूँगा मैं सच कहूँगा आज
हीर शादी पे राज़ी थी...

**आवाज़** : महाराज !

*हीर हाथ जोड़े।*

**हीर** : देख लो, कौन-कौन घात में है...

*गूँगा देख रहा है। हीर रोकर।*

**हीर** : ज़िंदगी अब तुम्हारे हाथ में है।

*राजा। दीवान, काज़ी व कैदो के बीच खड़े गूँगे के सामने खड़ा है।*

**दीवान** : बोलते क्यों नहीं...गूँगे हो...

*चौधरी। दीवान सबके सामने।*

**दीवान** : तुम ये गंवार लाए हो...

*राँझा के भाई खड़े हैं। दीवान सबके सामने।*

**दीवान** : झूठ ? जुर्म...जानते हो तुम ?

हुक्म मज़हब मानते हो तुम

*गूंगा सुन रहा है। दीवान गूँगे से पूछ रहा है। एक और काज़ी है।*

**दीवान** : काज़ी साहब ने हीर की मर्ज़ी

साफ़ लफ़्ज़ों में उससे पूछी थी

हीर ने भी जुबान खोली थी।

*दीवान।*

**दीवान** : क्या वो शादी से खुश थी, राज़ी थी ?

*गूंगा दीवान गूँगे।*

**दीवान** : क्या वो शादी से खुश थी, राज़ी थी ?

*गूंगा इंकार करता है। दीवान हाथ उठाकर।*

**दीवान** : फिर पढ़ा कैसे काज़ी ने निकाह ?

*गूँगा कैदो की ओर इशारा करता है। गूँगा जेब से थैली निकालकर इशारा करता है। काज़ी घबराता है। गूँगा काज़ी की ओर देखता है। गूँगा थैली देने का इशारा करता है। कैदो घबराता है। दीवान गूँगे की ओर देखता है। गूँगा दीवान को इशारे से समझा रहा है। दीवान हाथ उठाकर।*

**दीवान** : यानी रिश्वत भी ली...

*गूँगा सिर हिलाता है। चौधरी आकाश की ओर देखता है।*

**चौधरी** : खुदा की पनाह !

*काज़ी दीवार से सटा काँप रहा है।*

*राजा गुस्से से।*

**राजा** : अब कहो उसने हाँ कही थी ?

*काज़ी रोते हुए।*

**काज़ी** : नहीं...

**राजा** : उसको शादी की कुछ खुशी थी ?

**काज़ी** : नहीं..

*राजा गुस्से से।*

**राजा** : बात कैदो ने उससे की थी ?

**काज़ी** : ज़रूर।

*राजा चीख़कर।*

**राजा** : तुमने रिश्वत क़बूल की थी ?

*काज़ी पगड़ी उतारकर रोता हुआ गिर जाता है।*

**काज़ी** : हजूर !

*लोग गूँगे को फूल मालाएँ पहनाए गली में नाचते हुए ले जा रहे हैं। लड़के-लड़कियाँ गूँगे को उठाए नाच रहे हैं। कैदो एक आदमी को तिरछी नज़र से देखता है। कैदो लोगों के बीच खड़ा है। लोग एक गधा लेके आते हैं। कैदो उठकर जाता है। लड़के-लड़कियाँ गूँगे के साथ नाच रहे हैं। कैदो घर में जाता है। अलमारी के पास पहुँचता है। अलमारी खुलती है। दो हाथ ज़हर की शीशी निकालते हैं। ज़हर की शीशी से कैदो। राँझा की भाभी नाच रही हैं। सभी भाभियाँ व भाई खुश हैं। राँझे की भाभियाँ नाच रही हैं। गा रही हैं।*

**भाभी** : नाचे अंग वे छलके रंग वे

**सभी** : नाचे अंग वे छलके रंग वे

**भाभी** : लाएगा मेरा देवर

**सभी** : आ हाँ हाँ...

*भाभी व औरतें नाचती हैं।*

**भाभी** : गोरे गाल वाली...

**दूसरी** : शाहवा...लम्बे बाल वाली...

*भाभी नाच-गा रही है।*

**सब** : होये...होये...

*भाभी नाचती गाती है। औरतें गाती हैं। भाई देख रहे हैं। भाभी एक के बाद एक नाचती निकलती है।*

**भाभी** : बांकी चाल वाली

**सब** : नाचे अंग वे

**भाभी** : छलके रंग वे...

*एक लड़की चुनरी उठाकर नाचती आती है। भाभी नाचती गाती है। भाभियाँ नाच रही हैं। हीर मुस्कराती है। दूसरी लड़की हँस रही है। लड़की नाच रही है। लड़की चिक की ओट में नाच रही है। हीर बैठी है। लड़कियाँ नाच रही हैं। लड़की हीर के कमरे में नाच रही है। एक लड़की नाच रही है। लड़की सर पर कटोरा रखे हँस रही है। हीर मुस्करा रही है। कैदो देखता हुआ जाता है। भाभियाँ नाच रही हैं।*

**भाभी** : नाचे अंग वे, छलके रंग वे
लाएगा मेरा देवर...

**सभी** : हा हा हा...
*राँझा दूल्हा बना बैठा है। भाभी गा रही हैं और छेड़ती हैं।*

**भाभी** : गोरे गाल वाली

**सब** : शाहवा...

**भाभी** : लम्बे बाल वाली

**सब** : होय होय...

**भाभी** : बांकी चाल वाली..

**सब** : हाँ हाँ...

**सब** : नाचे अंग वे, छलके रंग वे...हाय !
*भाभी नाच रही है।*

**भाभी** : छोड़ दो रस्ता मेरा
बगियाँ बगियाँ जाऊँ मैं
*भाई नाच रहा है।*
*भाभियाँ नाच-गा रही हैं।*

**भाभी** : फूल चुरा के कच्ची कलियाँ चुनके लाऊँ मैं
सेहरा बनाऊँ तेरा माथा सजाऊँ तेरा
हुई दीवानी मैं, दीवानी मैं, दीवानी मैं
नाचे अंग वे, छलके रंग वे...

**सब** : हाँ-हाँ...

**भाभी** : लाएगा मेरा देवर गोरे गाल वाली...

**सब** : शाहवा...

**भाभी** : लम्बे बाल वाली

**सब** : होय होय

**भाभी** : बाँकी चाल वाली होय

**सब** : नाचे अंग वे, छलके रंग वे...

*राँझा दूल्हा बना बैठा है। लड़कियाँ नाच रही हैं। आदमी भी नाच रहे हैं। धूम मचा रहे हैं। भाई, भाभियाँ, राँझा और औरतें नाच रही हैं। भाई व भाभियाँ नाच रहे हैं। बारात चली आ रही है। आदमी औरतें नाच रहे हैं। राँझा दुल्हा बने घोड़े पर हैं। लड़कियाँ नाच रही हैं। हीर को सजाया जा रहा है। औरतें व मर्द हीर के आंगन में नाच रहे हैं। माँ खुशी-खुशी आती है। कैदो आकर जाता है। हीर के आँगन में आदमी व औरतें नाच रहे हैं। बारात आ रही है। राँझा दुल्हा बना लाया जा रहा है। हीर देख रही है। लड़कियाँ नाचती हुई जाती हैं। लड़कियां एक के बाद एक नाचती जाती हैं। माँ आकर जाती है। कैदो देखकर चलता है। आदमी व औरतें नाच रहे हैं। एक लड़का आकर मशाल जलाता है। कैदो गुस्से से देखता है। भाभी लोगों के बीच नाच रही है। राँझा दूल्हा बना बैठा है। भाभियाँ व लड़कियाँ नाच रही हैं। पूरा आँगन भरा। भाई, भाभियाँ आदि नाच रहे हैं। राँझा दूल्हा बना सेहरे से लदा हँस रहा है। आदमी व औरतें नाच रहे हैं। हँसते व नाचते चेहरे आते जाते हैं। आदमी व औरतें नाच रहे हैं। दो भाभियाँ नाच रही हैं। भाभियाँ हँस रही हैं, नाच रही हैं। भाभियाँ नाच रही हैं। कैदो देख रहा है। लोग नाचते हुए कमरे के आगे से निकलते हैं। कैदो देख रहा है। भाई व भाभियाँ नाच रहे हैं। हीर दुल्हन बनी बैठी है। माँ हीर को देखती है। दुल्हन हीर। माँ बेटी गले मिलती हैं। माँ व हीर गले मिले हैं। कैदो देख रहा है। डोली सजी रखी है। लोग इंतज़ार कर रहे हैं। हीर लाई जाती है। राँझा देख रहा है। भाभियाँ एक के बाद हैरानगी से देख रही हैं। माँ हीर को छाती से लगाती है। पेड़ों में ज़हर मिलाया जा रहा है। कैदो तिरछी नज़र से हीर को देखता है। हीर सबसे गले मिलकर विदा हो रही है। कैदो सबके बीच से होता हुआ पेड़े लिए हीर के पास*

*आता है।*

**कैदो** : जो तेरी खुशी है वो सबकी खुशी है
मुझे माफ़ कर बेटी, तू जीती मैं हारा

*कैदो का हाथ पेड़ा उठाकर हीर के मुँह में डालता है। वह उसके गले लगती है। चली जाती है। कैदो देखता है।*

**आवाज़** : मेरे हाथ से एक पेड़ा तो खा ले
फिर देखूँ न देखूँ तुझे मैं दोबारा

*हीर पालकी में बैठी रो रही है। कैदो लोगों के बीच खड़ा है। चौधरी को देखकर चौधरायन को देखता है। हीर डोली का पर्दा बंद करती है। कैदो चौधरायन से आँख चुराकर जाता है। डोली फूलों से ढकी है। डोली उठाए बारात दरवाजे से बाहर जा रही है। चारों ओर लोग खड़े हैं। माँ आँसू भरी आँखों से देख रही है। चौधरी की आँखों में आँसू। अल्लाहरखी व सहेलियाँ रो रही हैं। चेहरे एक के बाद एक कैमरे से जाते हैं। डोली चली जा रही है। राँझा घोड़े पर जा रहा है। सूरज डूब रहा है। बारात चली जा रही है। बारात घर पहुँचती है। लोग जमा हैं। शोर मच रहा है। डोली उतारी जा रही है। आदमी औरतें डोली के चारों ओर हैं।*

**भाभी** : मैं सदक़े उतर...लाज आती...

**भाभी** : आ...

*भाभियाँ खुशी से देख रही हैं। सभी। भाभी डोली का दरवाज़ा खोलती है। हीर मरी बाहर आ गिरती है। सब लोग सन्न रह जाते हैं। हीर डोली के बाहर मरी पड़ी है।*

**आ.सा.** : मेरे बाद तेरी ख़बर कौन लेगा।
*भाभी सिस्कती है और ज़ोर से चीख़ मारती है।*

**भाभी** : हाय !
*भाभियाँ रो पड़ती हैं। सभी लोग रो रहे हैं।*

**भाभी** : राँझे ये क्या हो गया

नसीब इसका देखो

**आवाज़ :** मिला क्या इसे ज़िंदगी में

*राँझा आँसू रोके है। हीर मरी पड़ी है। हीर। राँझा। हीर। हीर जंगल में भाग रही है। दोनों गले मिलते हैं। दोनों गले मिलते हैं। हीर शादी के कपड़ों में आ रही है। हीर डोली में बैठी है। राँझा देख रहा है। हीर मरी पड़ी है। राँझा का हाथ कटार निकाल कर पेट में मारता है। राँझा का दम निकल रहा है। राँझा हीर की लाश को उठाता है। राँझा के भाई व भाभियाँ चीख़ पड़ते हैं। भाई देखता रह जाता है। लोग बौखला जाते हैं। भाभियाँ रो रही हैं। भाई दहाड़ मार कर रो रहे हैं। हीर व राँझा एक दूसरे पर मरे पड़े हैं।*

**आवाज़ :** लो ख़त्म हुआ हीर और राँझे का फ़साना
वो हारे नहीं हार गया उनसे ज़माना
दीप उनकी मोहब्बत से सदा यूँ ही जलेंगे
दुनिया में जो बिछड़े हैं वो जन्नत में मिलेंगे...
*दीये की लौ पर टाइटल आता है।*

**(समाप्त)**